Jean-Jacques YAO BLE

Justice Providentielle

Jean-Jacques YAO BLE

Justice Providentielle

Éditions Muse

Imprint
Any brand names and product names mentioned in this book are subject to trademark, brand or patent protection and are trademarks or registered trademarks of their respective holders. The use of brand names, product names, common names, trade names, product descriptions etc. even without a particular marking in this work is in no way to be construed to mean that such names may be regarded as unrestricted in respect of trademark and brand protection legislation and could thus be used by anyone.

Cover image: www.ingimage.com

Publisher:
Éditions Muse
is a trademark of
Dodo Books Indian Ocean Ltd. and OmniScriptum S.R.L publishing group

120 High Road, East Finchley, London, N2 9ED, United Kingdom
Str. Armeneasca 28/1, office 1, Chisinau MD-2012, Republic of Moldova, Europe
Printed at: see last page
ISBN: 978-620-4-96425-6

Jean-Jacques YAO BLE

JUSTICE PROVIDENTIELLE

Récit de Jeunesse

Contact : 07.49.46.00.09 / 05.44.47.07.67

Email : yar_nold@yahoo.fr

1.

Lomonou était un petit village composé de cinq sous-quartiers. Les habitants du village, les Oubalès étaient très accueillants. Ils avaient pour particularité une hospitalité légendaire qui ne laissait personne indifférent. En effet, chez les Oubalès, un étranger était reçu avec beaucoup d'attention. Plusieurs familles lui apportaient la nourriture pour lui souhaiter la bienvenue, après on lui apprêtait une chambre où il était logé aussi longtemps qu'il résidait dans ce village. Il se sentait comme dans une seconde famille malgré la différence de langue. Cette hospitalité a favorisé l'immigration de communautés villageoises de divers horizons du pays à Lomonou. Ces allogènes vivaient en parfaite entente avec les autochtones. Les populations de ce village érigé en sous-préfecture il y a à peine cinq ans vivaient exclusivement de l'agriculture. Ce village possédait une sous-préfecture, un château d'eau, un collège, un dispensaire et même une gendarmerie qui n'était pas encore fonctionnelle. La plupart des habitants de Lomonou n'étaient pas fortunés, cependant on n'y trouvait presque pas d'indigent dans le village. Les populations solidaires, partageaient pratiquement tout en commun. La vie en communauté ici était impressionnante. On se sentait comme dans un autre monde, loin du capitalisme, de l'égoïsme et l'hypocrisie des grandes villes qui rendent l'homme moins humain. Là où l'individualiste prime sur la communauté. On pense à soi et non au groupe. Là où l'esprit de compétition, de bataille fait rage dans la recherche du gain. Là où on est prêt à se compromettre pour se mettre à l'abri du besoin. Là où le matériel est plus considéré que la personne. Là où on vit un simulacre de bonheur. Cependant, Lomonou qui avait été jusqu'ici l'un des rares villages qui avaient réussi à conserver ses valeurs culturelles intactes était finalement en train de les regarder, impuissant, être absorbé par le développement fulgurant de sa région. La jeune génération était plutôt occupée à apprendre à travers l'école, une autre langue, une autre histoire, d'autres valeurs culturelles, un autre mode de vie, d'autres principes régissant les relations humaines. La plupart des jeunes enfants qui étaient nés dans cette nouvelle ère n'arrivaient même pas à parler couramment leur langue maternelle le Oubalè. Ils s'exprimaient plus en français puisque c'était cette langue qu'ils apprenaient à l'école et qui était désormais plus employée à la maison. On écoutait plus la musique moderne au détriment de la musique traditionnelle. On essayait de se vêtir comme les gens de la ville, d'être à la mode. Plus on était informé sur l'actualité du pays et du monde, plus on se sentait estimé des personnes ignares qui s'amassaient comme des sauterelles autour de nous pour nous écouter. C'était ainsi que Kino, un jeune vagabond du village qui avait vécu quelques années à la capitale se plaisait à véhiculer des faits insolites venant du monde lors des regroupements quotidiens entre amis.

- Est-ce que vous savez que la Chine vient de construire des avions qui peuvent se changer en bateau et en train ? Affirma Kino.

- Vraiment ? Ils sont des sorciers ces gens-là, réagit Zéma.
- Oui mais ce n'est pas cette sorcellerie que tu pratiques ici pour bouffer les gens là. Ce sont des sorciers qui construisent et non qui détruisent. Ironisa Kino

  Tous les autres se mirent à rire sauf Zéma qui avait la mine renfermée.
- Je te taquine Zéma, allez détends-toi. Lui dit Kino.
- Bien sûr, je le sais idiot, continue à nous donner des nouvelles fraîches du monde.
- Achète-moi un litre de vin de palme et je te raconterai toutes les dernières informations actuelles en exclusivité.
- Hum petit escroc, d'accord allons pour une tournée.

*

*　　　　　　　*

C'était aujourd'hui le onze avril, jour d'indépendance du pays. Lomonou s'était paré aux couleurs du drapeau national du pays. Il était prévu plusieurs défilés au sein de la sous-préfecture de Lomonou.

Dans la cour de la sous-préfecture, on hissait le drapeau de la nation en entonnant l'hymne national du pays. À la fin du chant, des applaudissements et cris de joie retentissaient au sein de la sous-préfecture. C'était à présent le moment des défilés. D'abord ce fut les forces de l'ordre qui ouvraient le bal sous une musique folklorique de l'armée. Des policiers, des gendarmes des douaniers, des eaux et forêts défilaient dans des treillis neufs réservés pour cette circonstance. Ensuite ce fut le passage des élèves bien fourrés dans leurs uniformes scolaires entonnant fièrement une chanson en Oubalè. Après le passage des élèves, c'était les agriculteurs Oubalès qui défilaient avec des produits vivriers provenant de la terre de Lomonou. Enfin, les derniers à défiler furent les chefs coutumiers qui vêtus dans leurs beaux apparats traditionnels faisaient la fierté de Lomonou. C'était à présent, l'heure des discours officiels. Le représentant des chefs traditionnelles le vieux Koulou était le premier à prendre la parole.

- Nous nous réjouissons du progrès considérable réalisé ses derniers temps à Lomonou. En revanche, nous décrions l'abandon des us et coutumes dans cette marche vers le développement, ainsi que les ventes illicites des terres de Lomonou. Nous, chefs traditionnelles n'accepterons plus que nos terres soient vendues sans notre consentement à des fins commerciales. Cette terre de Lomonou est notre patrimoine, c'est le seul bien qui nous a été laissé par nos ancêtres….

En effet les terres de Lomonou étaient vendues ces derniers temps par des fils de Lomonou à des asiatiques pour des exploitations lucratives. Il discourra près d'une vingtaine de minutes en s'adressant au sous-préfet.

Puis, le représentant des jeunes du village, tout comme le premier orateur loua d'entrée de jeu le progrès fulgurant du village. Ensuite il s'attaqua au problème de l'exode rural des jeunes vers la ville faute d'activités rémunératrices. Il proposa comme solution l'encadrement des jeunes ; la formation de ceux-ci aux techniques agricoles et de l'élevage.

On avait préparé en grande quantité différents mets et boissons locales. Cependant avant que les villageois ne se régalent, le sous-préfet devait donner le dernier discours officiel de clôture. Il promit s'attaquer au problème des ventes illicites des terres de Lomonou, moderniser son agriculture en le dotant de machines agricoles qui permettront d'accroître la production en vivres. Cela permettra de favoriser l'autosuffisance alimentaire.

- Nous mettrons en place un cadre de formation des jeunes du village aux techniques agricoles et de métiers de l'artisanat afin de lutter contre le phénomène de l'exode rural ; nous équiperons notre collège en matériels informatiques et le doterons de nouvelles infrastructures ; enfin nous agrandirons le marché de Lomonou et le rendrons plus moderne.

Son discours fut suivi d'un tonnerre d'ovation des villageois.

La cérémonie prit fin aux environs de dix-huit heures. Les villageois sont rentrés chez eux heureux d'avoir pris part à cette belle fête nationale.

2.

Kôlou était marié à Blaeya, nom qui signifie en Oubalè « *dur d'être femme* », la fille d'un paysan du village appelé Atontè. Et cela faisait trois ans maintenant que Kôlou avait payé la dot de Blaeya cependant cette dernière ne lui avait pas encore donné d'enfant. Pourtant chez les Oubalès la femme stérile, comme celle qui n'enfante pas d'enfant mâle est considérée comme un arbre infructueux par conséquent inutile dans le foyer car ne pouvant perpétuer la lignée familiale. Kôlou et sa femme avaient visité plusieurs guérisseurs mais jusque-là pas un seul cri d'enfant. La patience de Kôlou avait pris un coup, il devait à tout prix avoir un fils afin de perpétuer son nom et celui de son père car il était le seul garçon de sa famille. Il avait fini par accuser sa femme d'être à la base de son malheur. Il la traitait durement depuis un certain moment et avait décidé de prendre une seconde femme. La pauvre Blaeya saignait au plus profond d'elle. Ses journées étaient devenues des supplices. Sa belle-famille aussi la méprisait. Seulement la petite sœur de Kôlou, Eloma et sa tante Yima l'appréciaient. Elles la réconfortaient dans ces moments sombres. Blaeya avait imploré Dieu à travers toutes sortes de prières mais était toujours stérile.

- Écoute femme, je ne suis pas heureux, j'ai besoin de me sentir homme, viril. Je veux un enfant, j'ai usé de longanimité espérant que toutes ces décoctions que-t-on prescrite la guérisseuse Ama puissent porter des fruits mais rien n'y fit jusqu'ici. Tu n'es toujours pas enceinte. Tu n'es toujours pas capable de concevoir un seul enfant. Je suis fatigué d'attendre, je n'ai plus la force de patienter jusqu'à ce que tu sois vieille. J'ai décidé de prendre très bientôt une seconde épouse qui me donnera un héritier, lança Kôlou à la figure de sa femme.

- Écoute mon mari, c'est Dieu qui donne les enfants et s'il ne nous a toujours pas donné d'enfant lui seul sait pourquoi, tu peux prendre une seconde femme si ça te chante mais de grâce arrête de me traiter ainsi en m'accusant d'être responsable de cette situation.

Kôlou s'apprêtait à répliquer quand il entendit quelqu'un crier son nom par-derrière. C'était son oncle Kokowa qui arrivait à bicyclette.

- Kôlou ! Kôlou ! Ton père est souffrant il te demande. Dépêche-toi de me suivre.

Kôlou sauta sur sa bicyclette et s'empressa de suivre son oncle Kokowa.

En effet, le père de Kôlou, était un vieil homme maladif, qui était affaibli par l'âge et par la maladie. Il avait quatre-vingt-sept ans ce jour. Il était devenu amnésique et parfois ne se souvenait même pas de son fils Kôlou. Il habitait à l'autre bout du village. Il avait refusé de venir habiter avec son fils Kôlou qui l'avait presque imploré. Il prétextait qu'il n'habiterait pas avec une femme qui a pour ambition de faire disparaître son nom. Et que tant que Kôlou ne se mariait pas avec une seconde épouse pour qu'il puisse tenir un petit-fils avant sa mort, il ne viendrait jamais habiter avec lui. Kôlou avait essayé de rassurer son père que sa femme suivait un traitement et que très bientôt elle lui donnerait un fils, mais son père disait attendre de voir cela avant de changer d'avis. Kôlou aimait sa femme malgré tout et avait eu bon espoir que cette situation changerait. Mais au fil du temps il commençait à perdre espoir et son amour pour sa femme se transformait petit à petit en de l'aversion. Il avait comme l'impression d'avoir perdu son temps à attendre toutes ces années. Alors il s'était enfin résolu à écouter son père en prenant une seconde épouse.

- Papa, c'est moi Kôlou tu m'entends ?
- Parle un peu plus fort ! Il a du mal à entendre depuis un moment. Avertit Kokowa l'oncle de Kôlou.
- Papa c'est moi Kôlou ton fils !!! cria cette fois Kôlou.
- Mon fils c'est toi ?
- Oui papa !
- Mon fils, c'est bien toi ?
- Oui papa, c'est moi Kôlou

Le vieux Awlondo avait une mauvaise vue, et ne voyait pratiquement plus les images distinctement.

- Écoute mes dernières paroles mon fils, car je sens que ma fin est proche.
- Je t'écoute parle papa.
- Tu dois…il se mit à tousser. Tu dois m'honorer en me donnant un petit-fils qui portera mon nom, il faut que tu me fasses la

promesse afin que je meure en paix. Tu es mon seul garçon. Me le promets-tu ?

Kôlou tant bien que mal essayait de retenir les larmes de ses yeux.

- Je te le promets papa, d'ailleurs j'ai finalement décidé de prendre une seconde épouse comme tu me l'as conseillé. Et toi peux-tu me promettre de vivre assez longtemps pour voir ton petit-fils avant de t'en aller de ce monde ?
- Mon fils, c'est mon souhait le plus ardent et je donnerai tout ce que j'ai pour vivre cet instant ne serait-ce qu'une seconde mais seul Dieu a le pouvoir de disposer de notre vie.

Les yeux de Kôlou s'emplirent de larmes. Il ne pouvait plus les contenir. Il avait déjà entendu son père dire plusieurs fois que s'en était terminé pour lui mais cette fois il voyait sur le visage de son père des traits marqués d'une fin proche semblable au dernier soupir d'un animal agonisant, précisément celui d'un lion. D'ailleurs son nom Awlondo signifiait « *lion* » en Oubalè. Il était un chef qui inspirait crainte et respect. Il avait un fort tempérament et un langage plein de sagesse du royaume Oubalè. Comme une bibliothèque, il détenait l'histoire du village. On ne pouvait prendre de décision sans le consulter. Il était l'un des derniers vieillards qui connaissaient parfaitement l'histoire du village et des ancêtres. Le vieux Awlondo avait essayé à maintes reprises de transmettre oralement ses connaissances de l'histoire du peuple Oubalè à son fils Kôlou mais ce dernier avait du mal à mémoriser toute cette encyclopédie. L'histoire était vaste et il fallait avoir une mémoire d'éléphant pour la retenir. Le vieux Awlondo avait une très bonne mémoire, il était doué dans ce domaine. Kôlou pensait souvent que c'était sûrement un don que lui avait transmis les ancêtres. Les jeunes de sa génération avaient du mal à retenir ne serait-ce qu'un seul chapitre de leur histoire. Ils avaient tellement de défis à relever sur lesquelles ils méditaient jour et nuit à tel point qu'ils n'avaient pas la capacité et l'envie de porter un autre fardeau sur leurs épaules. Ainsi l'une des dernières bibliothèques du village était sur le point de brûler. Le vieux Awlondo avait épousé deux femmes qui ne sont plus de ce monde. La première s'appelait Blassonni ce qui signifie en Oubalè « *beaucoup de femmes* ». Elle n'avait enfanté que cinq filles comme si le nom qu'elle portait avait influencé sa destinée. Et la seconde s'appelait Yaba. Elle enfanta deux enfants, Kôlou et sa sœur Eloma. Kôlou était donc le seul garçon du vieux Awlondo, qui espérait désespérément sa venue. Il fut l'homme le plus heureux à la naissance de Kôlou. Il aima encore plus la mère de Kôlou à cause de cet héritier tant recherché qu'elle venait de lui donner. C'était comme s'il venait d'être absous d'un sortilège qui avait été lancé contre lui. Pour lui, sa vie serait un échec s'il n'avait pas eu de fils.

- Attends papa, je vais chercher le guérisseur, tu ne partiras pas aujourd'hui.
- Mon fils ne te fatigue pas, il ne pourra rien faire pour moi, lui aussi est limité malgré son grand savoir médicinal.

- Laisse-le aller chercher le guérisseur, on verra bien. Répliqua l'oncle de Kôlou.

Kôlou sortit précipitamment de la chambre de son père.

Quelques minutes plus tard il revint avec le guérisseur mais son oncle se précipita dehors et le serra dans ses mains.

- Que se passe-t-il mon oncle ? Demanda Kôlou d'une voix tremblante.
- Il nous a laissés…Le lion s'est endormi pour toujours. Répondit l'oncle avec un sanglot mal étouffé.
- Non lâche moi mon oncle, ce n'est pas possible, lâche-moi, je veux le voir. Il ne peut pas partir sans voir son petit-fils.

Kôlou pleura la perte de son père et il l'enterra dignement avec tous les honneurs dus à son rang.

3.

Trois mois s'écoulèrent depuis la disparition du père de Kôlou. Et comme si le destin attendait l'ouverture d'une blessure pour en refermer une autre, la femme de Kôlou tomba enfin enceinte. Cet événement inattendu et fort heureux consola Kôlou de la perte de son père. Il regrettait en même temps que son père ne put patienter juste trois mois pour voir son petit-fils tant désiré avant de s'en aller. Cependant les gens du village racontaient que c'était son père qui était revenu et même il fallait absolument donner le nom du défunt père à cet enfant. Pour Kôlou cela importait peu, il allait avoir enfin un héritier. Il était un autre homme désormais. Son visage s'illuminait incessamment de joie. Il ne ménageait aucun effort pour couvrir sa dulcinée de présent. Il ne voulait même plus qu'elle fasse les tâches ménagères auxquelles elle était habituée de peur que cela n'affecte la santé du bébé.

Blaeya était ravie de constater ce changement chez son homme. Elle retrouvait son mari du début de leur mariage. Cet homme qui avant leurs fiançailles avait osé défier son père qui lui intima presque l'ordre d'épouser la fille de son ami ; un riche homme du village, propriétaire de grands hectares d'hévéa, plutôt que Blaeya, fille d'un pauvre paysan. Mais Kôlou, lui, aimait Blaeya et non la fille de ce fortuné. Il finit par l'imposer à son père qui l'accepta contre sa volonté. C'était son seul fils et il ne voulait pas le perdre. Mais au fil des années l'impatience de Kôlou de devenir père fini par effriter peu à peu son amour pour Blaeya. Son père ne manquait pas d'occasion pour lui rappeler les conséquences de son mauvais choix et le fait de n'avoir pas écouté ses conseils.

*

*   *

Kôlou était un chasseur dans l'âme comme son père. C'était sa passion. En dépit de quelques hectares de plantation de cacao que lui avait cédé son père, il adorait chassé. Lorsque son père était jeune, il était un très bon chasseur. C'est cette passion qu'il transmettra à Kôlou son unique fils. Il lui avait toujours expliqué qu'il fallait maîtriser son territoire de chasse avant de s'y aventurer. Kôlou avait appris de son père toutes les pistes secrètes de la forêt de Lomonou. Il savait comment monter des pièges et où les poser. Il pouvait repérer un gibier à deux cents mètres et l'atteindre. Il revenait toujours avec du gibier à la maison après une partie de chasse. Agouti, hérisson, porc-épic, gazelle, antilope, biche etc. ll en rapportait presque chaque jour du gibier chez lui. Mais avant la mort de son père et à cause probablement des soucis de son couple qui troublait son âme, il faisait une mauvaise chasse. Il revenait à la maison presque bredouille de la chasse. Il dormait à peine les nuits et se réveillait très tôt avant le chant du coq. Mais depuis la bonne nouvelle qui le préparait à être un nouveau père tout était différent. Comme la joie ouvre les portes à la réussite, la chasse lui réussissait ces jours-ci. Il rapportait de gros gibiers à la maison. Blaeya les fumaient pour une meilleure conservation. Ainsi ils pouvaient les consommer pendant plusieurs jours. Lorsqu'il en avait assez pour la cuisson sur une bonne période, ils en vendaient le reste encore frais aux citadins qui se rendaient en ville. Ils préféraient acheter la viande de brousse qui se vendait ici à bon marché avant de se rendre en ville pour commercer ou la consommer.

Kôlou s'emmena sur sa bicyclette l'air épuisé mais enthousiaste. Il sifflotait un air gai, transporté par une alacrité.

- Ma chère et tendre femme, comment vas-tu ?
- Bien mon cher mari, comment a été la chasse aujourd'hui ?
- Pas mal. Je t'ai rapporté une biche et deux agoutis.
- Mon brave mari, quelle chasse ! Tu es mon héros à moi.
- Mais que fais-tu avec cette hache à la main chérie ?
- Je m'apprête à casser du fagot de bois pour préparer le repas de ce soir.
- Arrête, tu ne peux pas casser de fagot de bois dans ton état. Ta grossesse est encore fragile, elle n'a que trois mois. Et tu pourrais te blesser, laisse-moi faire.
- D'accord chéri mais tu dois être éreinté après une telle chasse. Repose-toi d'abord. Laisse-moi t'apporter de l'eau à boire.
- Compris chérie, vas-y !

Il but de l'eau qu'elle lui apporta, cassa le fagot de bois, puis prit son bain.

- Et qu'as-tu préparé comme dîner chérie ?
- J'ai cuisiné ton plat préféré. Le foutou igname à la sauce Gougouassou avec de la viande de biche.
- Super, j'ai une faim de loup.

Blaeya était en ce moment, la plus heureuse des femmes du village. Elle vivait cet instant comme un rêve et ne voulait pas que cela s'arrête. Après tant d'années de souffrance enfin le bonheur avait frappé à sa porte. Chaque matin elle chantait pour remercier son Dieu de l'avoir délivré de ce cauchemar. Elle ne se souvenait plus de ces moments de souffrance que lui avait fait endurer sa belle-famille. Le bonheur avait avalé le chagrin.

Kôlou lui, n'avait plus le temps de deviser avec ses amis du village. Quand il revenait de la chasse, il allait directement à la maison s'occuper de sa femme. Une complicité était née entre les deux tourtereaux, de telle sorte qu'ils avaient du mal à passer de longues heures sans se voir.

4.

Nous étions en juillet. Et il ne pleuvait toujours pas à Lomonou. Et comme la nature finie toujours par imposer son diktat à ceux qui refusent de la dompter, les habitants de Lomonou subissaient les aléas dus aux changements climatiques. Les récoltes étaient maigres cette année. Même la nourriture de base des Oubalè qui est l'igname était presque inexistante. Les gens ne comprenaient pas comment ce village, autrefois riche en produits vivriers, envié des villages voisins soit aujourd'hui en pleine crise alimentaire. Il y'a quelques années de cela les gens détruisaient leurs greniers pour en construire de plus grandes. Le marché abondait en toutes sortes de produits vivriers frais et juteux. Mais aujourd'hui ce marché était pratiquement désert. On y trouvait seulement une dizaine de commerçants qui y vendaient des gombos secs, du manioc séché et des feuilles sèches pour des décoctions médicales traditionnelles. L'exode rural devenait de plus en plus massif. On ne trouvait plus assez de jeunes dans le village. La plupart d'entre eux étaient allés chercher une meilleure vie en ville. Ce sont les vieilles personnes restées au village qui se rendaient visite. Et c'est autour de liqueurs fortes qu'elles conversaient pour faire passer le temps.

Kôlou, assis sur la véranda de ses appartements, regardait sans voir les passants. Il se souvenait des paroles de son père comme si c'était hier. Il faut planifier toutes choses pour ne pas être désagréablement surpris par l'avenir lui avait-il dit. L'homme noir semble-t-il à un gros problème avec la planification. Il se contente de vivre l'instant présent. On entendait souvent les gens du village dire : Demain on ne sera pas vivant, il faut se nourrir aujourd'hui et ne pas se soucier du lendemain. Ainsi ils vivaient jour après jour. Ce qu'ils oubliaient c'est que s'ils ne sont pas présents demain, leurs enfants eux seront présents. Il faut penser à leur assurer une existence moins pénible. Il ne faut surtout pas oublier que s'il y a un temps d'abondance, il y a aussi un temps de sécheresse. Le père de Kôlou s'était construit une grande villa au village. Il avait un champ de plusieurs hectares de cacao, et pratiquait l'élevage de cabris, moutons, et volailles. Kôlou grâce à tous ces biens qu'il avait hérité de son père ne souffrait pas trop de ces conséquences climatiques comme certaines personnes. Lui aussi pensait à assurer l'avenir de ses enfants en travaillant durement et en vivant moins dans le gaspillage comme vivaient les hommes de ce village. Il avait embauché des manœuvres pour son champ de cacao. Après la récolte il le vendait au prix bord champ à des acheteurs qu'il connaissait bien.

Kôlou se réveilla brusquement de sa rêverie par un cri strident provenant de l'une des chambres de l'intérieur de la maison. Il se dirigea en hâte vers celle-ci. C'était sa femme Blaeya qui était en travaille.

- Que se passe-t-il Blaeya ? Lâcha Kôlou inquiet

- Haiiii J'ai mal au bas-ventre, je crois que le moment est arrivé Kôlou. Il faut vite m'emmener à l'hôpital.
- Eloma, Elomaaaaa !!!
- Oui grand-frère, que se passe-t-il ?
- Ma femme, elle est sur le point d'accoucher. Dépêche-toi vient m'aider à l'accompagner à la maternité du village.

Le dispensaire du village était à deux pas de la maison de Kôlou et disposait d'une maternité.

Kôlou et Eloma arrivèrent avec Blaeya à environ cinq minutes au dispensaire. Deux sages-femmes saisirent Blaeya et la conduisirent dans la salle d'accouchement.

Kôlou, inquiet défilait à travers des va-et-vient dans le couloir de l'hôpital. Une joie mêlée d'inquiétude se lisait sur son visage. C'était un grand jour pour lui. Il fallait impérativement que tout se passe bien. Après seulement dix minutes on vint lui annoncer que sa femme avait accouché. C'était l'un des accouchements les plus rapides dans cette maternité affirmaient les sages-femmes.

Blaeya, heureuse que cela se soit passé en un éclair remerciait le bon Dieu.

- Comment se porte ma femme ? A-t-elle accouché ? Demanda Kôlou à la sage-femme qu'il vit sortir de la salle d'accouchement.
- Oui Monsieur, tout s'est bien passé pour votre femme. Suivez-moi, répondit la sage-femme

- Félicitations Monsieur le nouveau Papa, tout s'est bien passé. Elle à accoucher d'une belle fille. Annonça une autre sage-femme à Kôlou.
- Que dites-vous madame, une fille ? Demanda Kôlou surpris.
- Oui répondit la sage-femme. Cela s'est très bien passé parce que votre épouse a respecté tous les rendez-vous avec la sage-femme et à parfaitement suivi ses conseils en pratiquant les examens prénataux.

La plupart des femmes du village ne trouvaient pas utile de se rendre à l'hôpital à chaque fois pour les consultations prénatales où il fallait patienter une trentaine de minutes assises et pour des services onéreux. Elles faisaient confiance aux remèdes naturels de la vieille Ama qui jusqu'à présent leur permettait d'avoir des grossesses faciles et sans conséquence. Cependant Blaeya en même temps qu'elle se traitait avec ces décoctions traditionnelles de la vieille Ama, ne négligeait pas aussi de se faire suivre à l'hôpital et bien que Kôlou ne comprît pas l'utilité de ces visites régulières au dispensaire.

- Bien-sûr Madame ! Répondit Kôlou sans y penser vraiment.

En fait, Kôlou avait déjà décidé en son esprit du sexe de son enfant comme s'il était Dieu. Il s'imaginait être père d'un garçon et non d'une fille. À chaque fois qu'il touchait le ventre de sa femme, il conversait comme s'il parlait à son fils. Il était tellement obsédé par le fait d'avoir un héritier que sa femme commença un peu à s'inquiéter. Elle souriait devant cette joie qu'il manifestait d'être père mais savait au fond d'elle qu'il serait frustré s'il advenait que l'enfant était de sexe féminin. Mais elle se disait qu'il finirait par l'accepter quel que soit le sexe de l'enfant. Et puis de toute façon, un enfant est une bénédiction de Dieu.

Kôlou n'en croyait pas ses oreilles, il avança vers le nouveau-né pour constater cela de ses propres yeux.

- Félicitations grand frère, tu es père d'une belle fille. Confirma sa petite sœur Eloma.

L'enfant criait dans les bras de sa brave femme Blaeya.

- Kôlou, veux-tu la tenir dans tes bras ? Demanda Blaeya.
- Hum non, peut-être plus tard. Je crains ne pas pouvoir bien la tenir correctement, elle est encore trop fragile. D'ailleurs, je dois m'en aller faire des courses pour le bébé. À tout à l'heure !

Kôlou essayait tant bien que mal de contenir sa déception. Mais on pouvait la lire sur son visage.

- Qu'a ton mari Blaeya ? N'est-il pas heureux d'être enfin père ? Il semble ne pas être très satisfait. Questionna Eloma.
- Il s'attendait à un garçon. Répondit Blaeya l'air désolé pour son mari. Cependant heureuse d'être mère de cette belle petite fille.
- Rien que pour cela ? Il doit quand même être reconnaissant à Dieu de lui avoir enfin permis d'être père. Comment peut-on être aussi ingrat ? Un enfant est un don de Dieu. Et puis vous avez tout le temps de faire encore des enfants.

- Ne t'inquiète pas Eloma, je crois que ça lui passera. Rassura Blaeya.

*

* *

De retour à la maison, Blaeya avait finalement convaincu Kôlou pour qu'il revienne à de bons sentiments en lui expliquant qu'ils pouvaient toujours concevoir autant d'enfants qu'ils le souhaiteraient et que le second pourrait être sûrement un garçon. Méla leur petite fille n'avait fait qu'ouvrir la porte. Il avait été rassurer par les propos de sa femme et revenait à de meilleurs sentiments en jouant convenablement le rôle d'époux et père attentionné.

Tante Yima, était arrivée chez son neveu Kôlou, les saluer.

- Bonjour ma tante, sois la bienvenue.
- Bonjour Eloma !
- Assieds-toi, je t'apporte un peu d'eau à boire.
- Merci ma fille.

  Après avoir bu un peu d'eau, Eloma lui demanda les nouvelles
- Je suis venue vous saluer et voir le nouveau-né, d'ailleurs où se trouvent la nourrice et le bébé ?
- Elle est couchée dans la chambre avec le bébé, viens ma tante je t'y accompagne.
- Félicitations ma fille ! Qu'elle est belle ma petite fille !

- Merci ma tante. Répondit Blaeya.

La tante prit l'enfant entre ses mains, elle était vraisemblablement heureuse. Contrairement aux autres membres de la famille de Kôlou, Tante Yima, tout comme Eloma, a toujours été en de bons termes avec Blaeya.

- Et comment s'appelle-t-elle ?
- Nous ne lui avons pas encore trouvé un prénom, mais cela ne va pas tarder.
- D'ailleurs où se trouve mon neveu, tu viens d'accoucher il devrait se trouver auprès de toi en cet instant ?
- Il est sorti faire un peu de retrait d'argent, il ne va pas tarder. Répondit Blaeya.

Quelque dix minutes plus tard, Kôlou arriva. Il était heureux de la visite de sa tante Yima. Tante Yima devait rester quelques semaines chez son neveu Kôlou pour prendre soin de la nourrice et du bébé. Elle était expérimentée et était heureuse de s'occuper de sa petite fille. Et même si Kôlou ne lui avait pas demandé cela, elle serait de toute façon venue s'en occuper.

*

*　　　　　　　　*

Cela faisait trois ans que leur fille Méla était venue au monde. Cependant Blaeya n'avait pas encore contracté une autre grossesse. Kôlou qui avait été rassuré par les propos de sa femme à la naissance de leur fille, recommença à perdre patience et manifestait cela par une colère injustifiée à l'endroit de la pauvre Blaeya. Un jour revenu de la chasse, il lui porta main devant sa fille pour une histoire de repas qui n'était pas encore prêt. Blaeya lui avait expliqué qu'elle avait pris un peu de retard parce qu'elle s'occupait de leur fille qui ne se portait pas très bien. Il ne voulut rien comprendre et la gifla en prétextant que leur fille avait désormais plus d'importance à ses yeux que lui son mari. Il commençait à beaucoup boire et négligeait l'éducation de leur fille. Seule, sa femme s'occupait de son éducation. Il refusa de la scolariser, il disait que l'école n'était pas faite pour les filles. Selon lui, elles étaient faites pour s'occuper des tâches ménagères et plus tard se marier et faire des enfants. Il affirmait que l'école se chargeait de détruire les valeurs de respect, de soumission et de travail que les parents inculquaient à leurs filles. Elle les apprenait à désobéir à leurs parents et donc à leurs futurs maris. Elle les poussait à la rébellion. D'ailleurs, il affirmait que les filles qui fréquentaient l'école avaient plus tard du mal à se trouver un mari. Elles devenaient frivoles et avaient des grossesses qui n'étaient pas reconnues. Seuls les garçons avaient droits aux études pensait-il. C'est l'homme qui a la responsabilité de nourrir la famille et non la femme. La femme était chargée de l'assister en s'occupant des tâches domestiques, de faire des enfants et de veiller sur leur éducation. Blaeya quant à elle, avait refusé de se conformer à cette logique. Elle s'était elle-même chargée de scolariser sa fille. Même si elle n'était pas allée loin dans les études, elle était arrivée en classe de Cours Moyen Deuxième Année CM2. Elle savait lire et écrire. Elle reconnaissait l'utilité de l'école pour la femme. Elle aidait parfois même son mari qui s'était arrêté en classe de Cours Préparatoire Deuxième Année CP2 à lire des factures relatives à ses transactions de ventes de cacao. En dépit de cela il niait toujours l'utilité de l'école pour la femme. C'est l'argent du commerce que faisait Blaeya qui servait à scolariser leur fille.

- Blaeyaaaaa !! où es-tu ? Hurlait Kôlou.
- Je suis là, dans la cuisine.
- Dépêche-toi de venir, j'ai à te parler.
- Me voici mon mari que se passe-t-il ?
- Je vais prendre très bientôt une seconde femme. Les préparatifs du mariage suivent leurs cours. J'ai fait une promesse à mon père et je dois la tenir, il me faut un fils, un héritier. J'ai patienté encore pendant quatre bonnes années en espérant que tu me donnes un fils mais toujours rien. Bientôt, tu ne pourras plus enfanter. Tu dois me comprendre et t'entendre avec elle. Annonça Kôlou à sa femme puis s'en alla.

Blaeya ne put dire un seul mot. En même temps qu'elle était surprise par la nouvelle, elle essaya de comprendre son mari. Ce qui la choquait c'est le fait de voir son mari qui était doux et attentionné il y a quelque temps devenir nerveux et violent à son égard. Il avait tellement changé, on aurait dit qu'elle vivait désormais avec une autre personne. Comment pouvait-on avoir un cœur si dur juste à cause d'un fils ? Des larmes coulaient sur ses joues.

Elle ne put trouver le sommeil de toute la nuit.
Quelques jours plus tard, alors qu'elle préparait sa fille pour l'école elle entendit des voix au salon.

- Tu es la Bienvenue chez toi ma femme. Laisse-moi prendre tes bagages. Voilà ta chambre à gauche, installe-toi d'abord ici.
- Merci mon mari.
- On t'apporte un peu d'eau à boire ?
- Non, merci. Je boirai plus tard.
- Bien, je vais te présenter tout à l'heure ta coépouse.
- Blaeya ! Blaeyaaaa !!! Ou est-elle encore ? bla..
- Me voilà mon Mari.
- Bien, assieds-toi un instant s'il te plaît.

  Comme je te l'avais annoncé il y a quelques jours, voici Affoua, ma seconde femme, donc ta coépouse. Nous nous sommes mariés hier. J'aimerais que vous vous entendiez comme des sœurs pour qu'il y ait la paix dans cette maison. Blaeya tu es la grande sœur si Affoua t'offense vient me le dire. Affoua, Blaeya est la première femme et ton aînée, tu lui dois respect. Mais s'il s'avérait qu'elle t'offense par ses propos ou son attitude, vient aussi m'en parler et je réglerai cela moi-même. Entendez-vous ensemble pour les différentes tâches de la maison. Chacune cuisinera à tour de rôle. Bien, Blaeya as-tu quelque chose à dire ?

- Non, je n'ai rien à dire.
- Alors, tu peux repartir à tes affaires.

*

*   *

Affoua venait du village voisin Bonimbo et Kôlou l'avait rencontré lors d'une cérémonie de dot à laquelle il était invité par un de ses amis qui était ami au marié. Depuis lors ils avaient sympathisé ensemble et étaient devenus de bons amis. Mais ne s'étaient plus revus jusqu'au décès du père de Kôlou. Après les funérailles de son père, ils se voyaient fréquemment jusqu'au jour où Blaeya tomba enceinte. Il s'était entièrement consacré à sa femme. Mais les évènements ces derniers temps l'avaient emmené à reconsidérer Affoua. Il commença à s'intéresser à elle jusqu'à lui demander en mariage. Elle était l'aînée d'une famille de huit enfants. Elle avait bientôt vingt-cinq ans, cinq ans de moins que Kôlou et avait refusé la main d'un vieil homme de cinquante-huit ans qui avait proposé à son père une dot colossale. Affoua était une brave femme qui s'était chargée de l'éducation de ses petits frères après la mort de leur mère. Elle avait aimé Kôlou la première fois qu'elle l'avait rencontré. Elle ne savait pas qu'il était marié au départ. Lorsqu'il lui annonça cela, elle hésita à s'engager avec lui. Mais son amour pour lui avait pris le dessus, elle ne pouvait plus imaginer sa vie sans lui. Et Kôlou l'avait rassuré que tout se passerait bien et que sa femme Blaeya avait bon cœur. Il avait promis prendrait soin d'elle et la rendrait heureuse.

Et maintenant cela faisait déjà un mois que Affoua vivait avec son mari. Elle s'entendait parfaitement avec Blaeya sa coépouse. Elle se levait tôt chaque matin pour faire le ménage. Mais ce matin, Blaeya ne la voyant pas s'activer aux tâches ménagères comme de coutume et à une heure avancée de la matinée se rendit à sa chambre.

- Qu'as-tu Affoua ? il est dix heures du matin et tu es toujours couché. Demanda Blaeya.
- Je ne me sens pas bien, j'ai un peu de fièvre. Je crois que c'est le paludisme. Répondit Affoua.
- Je comprends, je vais te préparer des racines très efficaces pour le traitement contre le Paludisme. C'est une infusion à base de racine et très amer. Tu boiras à chaud le liquide mais tu dois manger bien avant car c'est un peu fort.
- D'accord, merci grande sœur.
- Je t'apporte ton petit-déjeuner.

Lorsque Affoua, prit une première bouchée de cette bouillie de mil, elle se mit à rendre.

Blaeya s'approcha de sa coépouse, vérifia l'aspect de ses yeux. Elle constata aussi que son visage était très pâle. Elle comprit alors que sa coépouse était enceinte.

- Tu es enceinte Affoua !
- Enceinte, tu dis ? Tu en es sûr grande sœur ?
- Oui tu es bel et bien enceinte. Affirma Blaeya.

Effectivement les jours suivants donnèrent raison à Blaeya. Affoua manifestait vraisemblablement les signes de la femme enceinte. Elle accusait un retard de cycle mensuel, elle ne pouvait pas supporter les fortes odeurs. Elle avait à chaque fois de la nausée pendant les repas. Elle dormait beaucoup.

Kôlou lui, en même temps qu'il espérait que ce soit enfin un garçon, se réservait de manifester sa joie. Il avait rêvé plusieurs fois qu'elle avait accouché d'un petit garçon avant même qu'elle ne tombe enceinte. Et quand il rêve ainsi plusieurs fois sur un même sujet, il est très rare que ce soit le contraire se plaisait-il à affirmer.

- Affoua, où vas-tu avec ce seau ?
- L'eau courante a été coupée, je vais au puits recueillir de l'eau.
- Non, tu n'as pas à soulever des bassines d'eau dans ton état, ta grossesse est encore trop fragile. Laisse Eloma le faire.

Il était au petit soin de sa nouvelle femme, lui ramenait toujours de la chasse des fruits à manger, il disait que c'était bon pour le bon développement du fœtus. Il n'avait d'yeux que pour Affoua désormais à tel point qu'elle-même se sentait gêné devant sa coépouse.

*

*   *

Le temps s'écoulait vite comme de la paille consumée par les flammes. Nous étions déjà à neuf mois de grossesse de Affoua. Elle ne touchait pratiquement à rien à la maison. C'était sa coépouse Blaeya et sa sœur Eloma qui faisait tout à la maison. Kôlou avait défendu Affoua de faire quoique ce soit de peur de mettre en danger la vie de son fils qui naîtrait très bientôt. Concernant l'éducation scolaire de sa fille Méla, Kôlou avait carrément démissionné. Blaeya toute seule se battait chaque année pour inscrire sa fille et payer ses fournitures. Ce qui l'importait c'était d'avoir son héritier et tenir ainsi l'engagement fait à son défunt père. Heureusement Méla était très intelligente à l'école. Elle avait sept ans et était en classe de Cours Élémentaire Première Année CE1. Elle était toujours la première de la classe et cela encourageait énormément sa mère.

- Maman, pourquoi papa ne nous aime pas ? Lui demanda sa fille.
- Ne dis pas cela, ton père nous aime seulement qu'il a du mal à le montrer car sa vie n'a pas été toujours facile dans son enfance.
- Mais pourquoi manifeste-t-il de l'amour pour maman Affoua ?
- Parce qu'il…

Soudain des gémissements de douleur provenant de la chambre de Affoua se firent entendre. Blaeya se précipita dans la pièce.

- Que se passe-t-il Affoua ?
- Je ressens une forte douleur au bas-ventre et je viens de perdre les eaux. Je crois que c'est l'enfant.
- Vite il faut se rendre à l'hôpital. Dit Blaeya.

Elle appela Eloma pour l'aider à transporter Affoua au dispensaire. Quelques minutes après elles y arrivèrent.

- Remettez-moi le carnet de santé de la mère s'il vous plaît et patientez dans la salle d'attente dit l'une des sages-femmes.
- Désolée Madame elle n'a pas de carnet de santé, répondit Blaeya.
- Donc elle n'a pas été suivie pendant toute sa grossesse ?
- Non, pas à l'hôpital.
- Et où se trouve son mari ?
- Il est sorti et n'est pas encore rentré. Mais il sera là bientôt là.
- Mais sans carnet de santé de la mère il sera difficile de l'assister
- S'il vous plaît madame, elle est sur le point d'accoucher, pour l'amour de Dieu, je vous prie de l'assister. Insista Blaeya.
- D'accord, allez-y patienter dans cette salle d'attente.

Cela faisait une trentaine de minutes que Affoua était dans la pièce mais pas un seul cri d'enfant.

Il était dix-huit heures à présent, Kôlou rentré de la chasse avait appris que sa femme Affoua avait été admise à la maternité. Il se pressa de s'y rendre.

- Où est-elle demanda-t-il à son arrivée à Blaeya ?

- Elle est dans la salle d'accouchement avec les sages-femmes cela fait environ une heure.

Il se croisait les bras, les décroisaient, puis les empochaient, défilait dans le hall de l'hôpital, l'air tendu. Tout d'un coup la porte s'ouvrit. C'était la sage-femme.

- Bonjour Madame, je suis son mari, l'accouchement s'est bien passé ?
- Monsieur, il y a un souci qui rend l'accouchement difficile. Le cordon ombilical est enroulé autour du cou de l'enfant et si nous forçons on risque de perdre l'enfant. Cela risque de l'étrangler. En plus, votre femme est anémiée. Il faut urgemment la transférer dans un hôpital équipé pour une césarienne. Nous vous conseillons de vous rendre urgemment à l'hôpital général de Soutiébi.
- Ok, je cours chercher un véhicule. S'il vous plaît continuez de prendre soin d'elle, je serai là le plus tôt possible.
- D'accord mais dépêchez-vous.

Kôlou courut chercher Abolè, l'unique taximètre du village. Heureusement aujourd'hui était vendredi. C'était son jour de repos, il ne s'était pas rendu en ville. Son taxi était un vieux tacot éprouvé par la route cabossée, par les nids-de-poule de la seule voie du village qui menait à la ville. Il était bon pour le garage. Assis à l'intérieur du véhicule on pouvait voir le sol défiler sous nos pieds. Mais du moment où il pouvait encore démarrer et conduire à destination, cela ne dérangeait pas le moins du monde les villageois.

Dix minutes plus tard on entendait le vrombissement assourdissant du vieux taxi de Abolè.

- Ne perdez pas le temps amenez la rapidement, s'écria Kôlou.

Eloma et Blaeya la transportaient jusqu'au véhicule avec beaucoup de précaution. Puis le taxi démarra sans perdre de temps.

L'hôpital général de Soutiébi était à environ un kilomètre du village mais avec la mauvaise route il fallait conduire avec tact pour ne pas compliquer les choses avec l'état de santé de la femme de Kôlou. Après environ vingt minutes de route ils arrivèrent à l'hôpital Général de Soutiébi.

Vite on la transporta d'urgence dans une salle d'opération.

- Je peux voir le carnet de suivi de la mère ? Demanda la sage-femme.
- Non madame elle n'a pas de carnet de santé. Lui répondit Blaeya.
- Donc elle n'a pas été suivie durant toute sa grossesse ? S'étonna la sage-femme.
- Hum c'est-à-dire…En fait elle se traitait l'aide de racines et écorces traditionnelles pendant sa grossesse.
  Blaeya se souvint qu'elle lui avait conseillé un jour de ne pas négliger de se faire suivre à l'hôpital, mais sa coépouse ne

l'avait pas écouté. Elle avait plutôt préféré écouter Kôlou son mari.

- Mais madame, elle se faisait suivre par une vieille guérisseuse expérimentée qui assiste depuis des décennies la plupart des femmes du village et elles ont toujours eu des accouchements faciles. Renchérit Kôlou.
- Monsieur, il est vrai que nous sommes en Afrique et avons parfois recours à la médecine traditionnelle. Il est indéniable qu'elle nous soulage quelques fois. Cependant elle reste encore limitée et doit être complémentaire à la médecine moderne. À la fin vous finissez par vous tourner vers à la médecine moderne. Alors pourquoi ne pas dès le départ vous y rendre afin d'éviter des complications qui pourraient mettre en danger vos vies ? Insista la sage-femme qui avait l'habitude de traiter ces cas de dernières minutes. Elle continua.

  Votre femme est anémiée. Il faut qu'on lui transfère du sang. De quel groupe sanguin est-elle ? Demanda-t-elle.

  Kôlou n'en avait visiblement aucune idée.
- Je ne sais pas madame. S'il vous plaît madame prenez soin d'elle et du bébé. Implora Kôlou.
- Nous ferons de notre mieux pour préserver sa vie et celle du bébé. Patientez ici.

  La sage-femme médusée retournait en salle d'opération.

  Après environ deux heures de temps, elle revint vers le père

- Hum Monsieur Kôlou, j'ai une bonne et mauvaise nouvelle pour vous.
- Comment ça ? Il devint comme paralysé et retenait son souffle.
- Que voulez-vous dire madame ?
- Nous avons pu sauver votre enfant, vous avez un gros garçon. Nous avons fait de notre possible mais malheureusement nous n'avons pas pu sauver votre femme. Elle est morte. Elle était épuisée, et n'avait pas assez de sang. Nous n'avons pas pu lui transférer du sang parce qu'ignorant son groupe sanguin. Je suis désolé.

Il s'affaissa, abattu, pleurant la mort de sa femme. Elle lui avait laissé ce cadeau tant désiré et s'en était allée pour l'eau delà. Ce jour-là, la tristesse engloutit sa joie.

5.

Méla avait dix-sept ans et était en classe de terminal. Elle était la meilleure élève du lycée de Lomonou. Elle était une élève disciplinée et sérieuse. En plus, elle était belle jeune fille. Elle était beaucoup convoitée par les jeunes élèves du lycée et même certains professeurs lui faisaient la cour. Nanko, son professeur de math était l'un d'entre eux. Il était obsédé par elle. Il lui avait demandé de sortir avec lui à plusieurs reprises mais elle avait refusé. Comment pouvait-elle accepter pareil chose ? Elle qui craignait Dieu. Elle ne pouvait pas souiller son corps en commettant la fornication, ce péché du corps qui nous éloigne de la face de Dieu et nous détruit disait-elle. Elle avait promis se consacrer uniquement à ses études et à la fin de ses études se marier. Elle et sa mère avaient trop souffert le désintéressement de son père pour qu'elle gâche sa vie. Elle s'était promis tout faire pour réussir pour sa mère et aussi donner tort à son père qui pensait que seuls les garçons sont utiles en société et que les femmes sont bonnes à rien. La plupart des jeunes filles du lycée de sa classe qui avait des petits copains se moquaient d'elle. Elles la traitaient de sainte ni touche coincée. Mais elle s'en fichait. Une seule chose l'importait, ses études. Déterminée à réussir, elle avait très peu d'amis sinon une seule véritable amie du nom de Timiya. Timiya était une élève de sa classe. Les deux amis s'asseyaient sur un des premiers bancs de la classe. Elles étaient voisines. Timiya était aussi une élève consciencieuse et craignait Dieu. Elle était la deuxième de la classe après Méla. Ne dit-on d'ailleurs pas que qui se ressemble s'assemble. Elles ne s'étaient pas recherchées mais le destin s'était chargé de les réunir. Grâce à leur solide amitié, elles tenaient bon devant les attaques des élèves et avances de professeurs. Alors qu'elle revenait de la pause pour la classe, Méla rencontra dans les escaliers Monsieur Nanko, son professeur de mathématique. Il était un homme pervers attiré par les jeunes filles encore fraîches.

- Méla, s'il te plait ne me tourne pas le dos. Considère ma proposition. Je suis prêt à t'offrir tout ce que tu voudras. Je n'arrive plus à me concentrer sur autre chose. Il n'y a que toi seule qui envahis mes pensées. Déclara Monsieur Nanko.
- Monsieur, je vous ai dit que je ne suis pas intéressée. Je ne compte pas m'engager dans une relation avec un homme pendant mes études. Et puis vous êtes mon professeur, et en tant que pédagogue vous êtes censé m'instruire, et m'encourager sur le chemin de la réussite et non me pousser à me compromettre. S'il vous plaît n'insistez pas Monsieur.
- Je le sais bien, mais c'est plus fort que moi. Je suis un homme, et un homme à ses faiblesses. Et ne t'inquiète pas personne ne le saura. Ça sera notre petit secret à tous les deux.
- Et quand je tomberai enceinte, personne ne le saura encore ? Ne me forcez pas à coucher avec vous. Vous n'obtiendrez rien de moi. Vous savez que je ne suis pas du genre à me compromettre pour faire plaisir à qui que ce soit.

- Ok, c'est partie remise. Sache que je n'abandonnerai pas si facilement.
- Écoutez Monsieur, pour tout le respect que j'ai pour vous si vous continuez à m'harceler je pourrais me plaindre de vous auprès de l'administration. Je n'aimerais vraiment pas que nous en arrivions jusque-là. C'est bientôt les examens de fin d'année et j'ai vraiment besoin de me concentrer.

Il la regarda avec un sourit laconique puis s'en alla.

Timiya qui montait les escaliers les avait aperçus en train d'échanger.

- Que te voulait-il encore celui-là ? Demanda Timiya.
- Hum ma chère c'est toujours les mêmes avances, je suis fatigué de tout cela tu sais ; mais bon s'il te plaît n'en parlons plus. Allons-y c'est l'heure du cours de philo.

6.

Kôlou avait donné le nom de son père Awlondo à son fils. Ainsi il honorait la mémoire de son père. Il se sentait dégagé du serment qu'il avait fait à son père avant la mort de celui-ci. Awlondokan qui signifie en Oubalè petit Awlondo grandissait vite et faisait la fierté de son père dans le village. Awlondokan était déjà dans sa quatorzième année et était en classe de cinquième. Contrairement à sa grande sœur Méla, il n'était pas doué dans les études. Il avait redoublé classe de Cours Moyen Deuxième Année CM2 et celle de sixième 6e. Et la classe de cinquième 5e ne lui réussissait pas. Il n'adorait pas vraiment l'école mais préférait se promener à travers le village avec ses camarades tous aussi mauvais élèves. Son père l'avait tôt initié à l'art de la chasse en lui apprenant les secrets de la forêt. Il avait impatiemment attendu ce moment, il en rêvait même parfois. Enfin cela était devenu une réalité. Il avait un fils comme héritier. Il perpétuera sa lignée et le nom de son père de génération en génération. Il se promenait partout dans le village avec son fils à ses côtés. Il le présentait à toutes ses connaissances. Mais il commençait ces derniers jours à s'inquiéter de l'attitude de son fils. Il découvrit qu'au lieu de se rendre à l'école Awlondokan se promenait en compagnie des jeunes garçons de mauvaise réputation. Ils avaient pour coutume de se retrouver dans un bistrot du village pour fumer et boire des liqueurs fortes. Lorsque certaines personnes racontaient cela à son père, il refusait d'y croire puis un jour il le surprit qui sortait d'un bistrot en compagnie de jeunes peu recommandables. Il l'avait durement réprimandé après lui avoir donné une bonne correction.

Un soir ne l'apercevant pas il le chercha pendant des heures en se renseignant auprès des personnes de son entourage.

- Awlondokan, vient par ici. D'où viens-tu à cette pareille heure de la nuit ? Questionna son père en colère.
- Papa, j'étais assis avec un ami juste devant la porte de la cour.
- Mais comment se fait-il que je t'ai cherché un peu partout sans te voir.
- Nous nous sommes déplacés un instant pour nous rendre à la boutique. C'est probablement à ce moment-là que tu ne m'as pas aperçu. Mentit-il pour ne pas s'attirer les foudres de son père.
- En plus tu pues l'alcool. Depuis quand est-ce que tu bois de l'alcool ? S'étonna Kôlou.
- Papa, c'est juste un verre entre amis. Ne t'inquiète pas…Je ne suis pas saoul.

  Son père lui assena une paire de gifles.
- Tu te fous de moi. Je ne veux plus te voir en compagnie de ces petits voyous, m'entends-tu ?

Et il lui intima l'ordre d'aller directement prendre sa douche ensuite d'aller étudier ses leçons.

- Blaeya ! Blaeyaaa ! viens par ici. Cria Kôlou.
- Oui mon mari ?
- Regarde ton fils il se saoule maintenant, es-tu au courant ?

- Je ne le savais pas vraiment mais je m'en doutais. J'ai même essayé de t'interpeller plusieurs fois sur son comportement ces derniers temps mais tu n'as rien voulu entendre. Tu m'as dit que tu n'avais pas le temps pour ces ragots sur ton fils. T'en souviens-tu ?

Kôlou la regarda furieux puis se retira dans sa chambre.

Plus tard, il prit la décision d'envoyer son fils étudier dans la capitale l'année prochaine. Il savait que s'il le laissait dans ce village, il deviendrait un vagabond sans repère. Il avait un oncle à la capitale, le petit frère de son père qui était douanier. C'est chez ce dernier qu'il envisageait envoyer Awlondokan.

*

*   *

Eloma la sœur de Kôlou, venait d'épouser un ingénieur en génie civil. Il était fils de Lomonou, s'appelait Mankou. Ils se fréquentaient il y a cinq ans lorsqu'il était encore au village. Ils étaient amoureux. Cependant Mankou s'était rendu en ville pour y poursuivre ses études. Il revenait chaque vacance au village auprès de Eloma. Il l'aimait beaucoup et avait promis l'épouser dès qu'il trouverait un emploi. C'est ce qu'il fit, et retourna en ville avec Eloma.

7.

C'était déjà la fin de l'année scolaire, et les examens de baccalauréat étaient prévus pour se tenir dans une semaine. Les élèves des classes de terminale révisaient leurs leçons à corps perdu. Ils veillaient les nuits en essayant de mémoriser les résumés de cours du début de l'année jusqu'en fin d'année. En journée, ils formaient des groupes d'études avec surtout les meilleurs de la classe dans les matières scientifiques. Méla à l'instar des autres élèves ne veillait pas, elle ne s'échinait pas non plus à mémoriser par cœur des chapelets de leçons annuelles. Elle s'évertuait à expliquer à ses camarades de classe que c'était dangereux de procéder ainsi à la veille des examens. On provoque le stress et un surmenage qui peuvent nous mener à l'échec. Il faut étudier ses leçons et pratiquer ses exercices quotidiennement au cours de l'année scolaire. Cela permet d'être relaxe et d'avoir une confiance en soi afin de mieux appréhender les examens et mettre toutes les chances de son côté. Cependant elle n'hésitait pas à les assister quand elle le pouvait, à résoudre des exercices pratiques tels que les maths et les sciences physiques. Alors qu'elle quittait l'école pour la maison après deux heures d'études, elle rencontra en chemin Akou, un camarade de classe.

- La surdouée de la classe, si j'avais ton cerveau, j'allais dormir tranquillement et attendre les examens. Plaisanta Akou.

Il était l'un des plus mauvais élèves de la classe et le plus turbulent.

- Tu l'as déjà, seulement que tu ne t'en rends pas encore compte.
- J'espère que tu ne m'insultes pas ?
- Non pas du tout, au contraire.
- Bien, j'ai besoin de ton aide Méla.
- Qu'est-ce que je peux faire pour toi ?
- Peux-tu m'expliquer un exercice de mathématique s'il te plaît.

Méla avait l'air surprise mais se sentait en même temps disposé à aider un de ses camarades qui veut faire des progrès.

- Hum pourquoi pas ?
- On se donne rendez-vous demain à quatorze heures au lycée ?
- D'accord Akou, j'y serai sans faute.

L'école était vide ce jour-là, les autres élèves des classes intermédiaires étaient déjà en vacances. Seuls quelques élèves de terminale venaient étudier dans les salles de classe. Mais étrangement à cette heure-là il n'y avait pratiquement personne. Ils semblaient être les seuls élèves dans ce vaste lycée. Mais ils aperçurent leur professeur de Mathématique Monsieur Nanko dans la cour de l'école. Il avait l'air ivre et parlait tout seul.

- Que fait-il ici celui-là ? Demanda Méla vénère.
- Ne t'inquiète pas, il est venu aujourd'hui corriger des copies. S'empressa de répondre Akou.
- Comment le sais-tu ? Et dans cet état ?

- Hum comme c'est dans ses habitudes, je ne fais juste que deviner. Tu le connais bien il ne peut pas passer une journée sans boire. Et cela l'inspire encore plus pour le travail.
- Moi je n'aime pas tout ça.

  Méla avait comme un mauvais pressentiment. Elle était tendue.
- Ça va Méla ? Je te sens un peu tendu.
- Tout va bien ! Répondit-elle

Les deux élèves trouvèrent une classe et commencèrent à étudier. Méla était au tableau et expliquait le cours de limite à Akou mais celui-ci semblait avoir la tête dans les nuages.

- Est-ce que tu me suis Akou ? Je peux aller doucement si tu ne comprends pas. Je te sens absent.
- Non ça va tu peux continuer.

  Soudain le professeur de mathématique Monsieur Nanko apparut dans la salle de classe.
- Vas-y ! Continue ma meilleure élève, tu me rends fier.

Méla arrêta d'écrire et le regarda avec une mine inquiète.

- Peux-tu nous laisser un instant Akou ? Demanda Monsieur Nanko.
- Non Akou reste s'il te plaît, je suis là pour toi.
- Désolé Méla, je reviendrai après juste quelques minutes

  Akou sortit et les laissa tous deux dans la salle.
- N'aie pas peur Méla, je ne vais pas te mordre tu sais. Je veux seulement échanger avec toi. Tu sais, je n'arrive plus à dormir

ces jours-ci, je ne fais que penser à toi. Je souffre continuellement et toi tu me fuis. Je crois que si ça continue ainsi je vais devenir malade.

- Monsieur, ne vous approchez pas de moi sinon je hurle.
- Et qui viendra te sauver, Akou ? Tu le crois vraiment ? Sais-tu au moins que c'est moi qui l'ai convaincu de t'emmener ici ?
- Comment ça ? Je ne vous crois pas du tout.
- Peu importe laisse-moi t'embrasser un tout petit peu sur les lèvres.

Il essaya de l'embrasser de force mais elle le repoussa. Son haleine puait l'alcool. Alors il la saisi avec violence puis la plaqua au sol.

- Ne faites pas cela Monsieur, je vous en supplie, je suis encore vierge.
- Tu aimeras laisse toi seulement faire. Murmura Monsieur Nanko tout excité.

Elle se débattait et criait de toutes ses forces mais c'était comme si son cri s'étouffait, il était plus fort qu'elle. Il déchira ses vêtements et abusa d'elle. Puis se leva après avoir satisfait sa libido, se tourna vers elle et dit :

- Pardonne-moi Méla, je suis désolé je n'avais pas voulu que ça se passe ainsi. Mais tu ne m'as pas laissé de choix. C'était tout simplement plus fort que moi. C'est la première fois que j'agis ainsi.
- Vous êtes un monstre !! Cria-t-elle en pleure.

Il la regarda sans dire mot, puis sortit de la salle en la laissant en pleure et mal au point.

Akou son camarade de classe ne revint plus, comme s'il savait ce qui se passerait. Méla en voulait à la terre entière et même à Dieu de n'avoir pas pu empêcher cela d'arriver. Pourquoi avait-il permis que pareil chose lui arrive ? Elle lui avait pourtant donné son cœur et s'était privée de toutes formes de vices.

Elle était couverte de sang et ne savait comment se nettoyer. Elle sortit dans la cour de l'école et essaya de se laver avec l'eau du robinet. Elle attendit qu'il fasse nuit, puis se cacha du regard des autres et alla secrètement dans sa chambre sans que personne ne l'aperçoive. Elle passa une trentaine de minutes sous la douche en essayant de se débarrasser de toutes cette souillure laissée sur elle par ce monstre. Elle se sentait sale. Puis s'allongea sur le lit en train de pleurer.

Sa mère frappa à la porte.

- Méla ma fille es-tu là ?

Elle essuya ses larmes et essaya de garder son sang-froid.

- Oui maman je suis là !

Sa mère entra dans sa chambre et vint s'asseoir sur le lit auprès d'elle.

- Qu'as-tu ma fille ? Tu ne rentrais pas, j'étais toute inquiète et je me suis mis à te chercher partout. Ce n'est pas dans tes habitudes de rentrer tardivement à la maison.

Méla voulut un instant expliquer sa mésaventure à sa mère mais elle avait la gorge nouée. Elle n'arrivait pas à le lui dire. C'était comme si une force invisible l'empêchait de parler. La douleur était encore trop vive. Elle ne voulait parler à personne. Elle se sentait honteuse et en colère. Elle souhaitait rester toute seule dans sa chambre à brouiller du noir. C'était sa croix à elle se disait-elle et il fallait qu'elle la porte toute seule.

- Non maman, tout va bien. J'étudiais avec un ami et je n'ai pas vu le temps passé.
- Je te connais ma fille, je sais qu'il y a quelque chose qui ne va pas. S'il te plaît dis-le-moi.
- Ne t'en fais pas pour moi maman, je me sens un peu fatigué, j'ai eu une difficile journée. Tout ira bien demain. S'il te plaît maman, peux-tu me laisser me reposer, je ne me sens pas bien ?
- D'accord ma fille, mais sache que je serai toujours là pour toi si tu as un souci. N'hésite surtout pas de me parler si tu traverses une situation difficile.
- C'est compris maman.

Le lendemain elle décida de se rendre à la police porter plainte. Mais en chemin elle se rendit compte qu'elle avait déjà effacé toutes les preuves. Pouvait-on encore la croire ? Elle pensa aux conséquences qui en découleraient. Était-elle prête à aller jusqu'au bout ? Elle serait la risée du village et regardé avec mépris. Elle n'a jamais su pourquoi dans ce village les femmes victimes de viol étaient stigmatisées, considérées comme des coupables. La douleur de ces femmes était d'autant plus grande devant le mépris des gens du village et des mauvaises langues. Elle se souvint d'une jeune fille du village qui en fit les frais. Elle s'appelait Madjoura. Elle était allée dénoncer à la police son violeur qui était une haute personnalité du village chez qui elle travaillait comme femme de ménage mais l'affaire se retourna contre elle-même. Ce cadre du village était marié, connu pour ses bonnes œuvres sociales au village et apprécié des habitants. Personne ne croyait à son histoire. Comment pouvait-elle avoir raison dans cette affaire, elle qui était une jeune fille orpheline sans éducation venant d'une famille pauvre ?

C'était sa parole contre celle de cet homme influent respecté du village. Il avait affirmé qu'elle s'était arrangée avec un jeune homme qui était son petit copain et son complice pour lui soutirer des sous. Il avait lui-même donné une forte somme d'argent à ce jeune homme du village pour confirmer cela et avait promis lui éviter la prison. Ce qu'il fit, et demanda aussi qu'on relâche la jeune fille qu'on avait arrêtée. Il refusa de porter plainte contre elle. Le jeune homme était allé s'installer en ville et on ne l'avait plus jamais revu. Mais la jeune fille était devenue la risée du village. On se moquait d'elle et l'insultait à chaque fois qu'on l'apercevait. On la traitait de voleuse et méchante fille qui voulait salir le nom d'une personne honorable. Elle était tellement blessée intérieurement et ne pouvait plus supporter cette disgrâce qu'elle finit par se suicider.

Méla ne put continuer sur sa lancée, ses jambes devenaient lourdes et pesantes à chaque fois qu'elle avançait. Elle rebroussa chemin et décida de garder ce secret pour se concentrer sur son examen qui commençait demain et éviter d'échouer à cause de cette affaire. Elle ne voulait au grand jamais échouer à son examen et reprendre la classe de terminale où elle reverrait encore la tête de ce monstre de professeur. Elle ne supporterait vraiment pas cela.

8.

La lumière avait chassé les ténèbres. Le chant du coq se faisait entendre pour annoncer la lueur du jour. Kôlou se préparait pour se rendre à sa plantation de cacao ce matin. Blaeya comme à son habitude s'était déjà levé et avait allumé le feu pour cuisiner le petit-déjeuner de son mari. C'était de la bouillie d'igname accompagné de poisson fumé et d'une pâte de piment, de tomate.

- Bonjour mon mari, ton petit-déjeuner est sur la table.
- Ok, laisse-moi d'abord prendre ma douche avant de m'attabler.
- Ta fille est sous la douche.
- Et où va-t-elle à cette heure ?
- Elle va à son examen ce matin, je crois qu'elle t'en avait parlé hier.
- J'ai sûrement oublié. Qu'elle se dépêche alors ! Où est Awlondokan ? Je lui avais dit de se préparer qu'on ira ensemble à la plantation ce matin.
- Il est encore couché répondit sa femme.

  On réveilla le fils qui avait du mal à se réveiller.
- Awlondokan as-tu oublié qu'on doit se rendre ce matin ensemble à la plantation ?
- Désolé papa, je ne pourrai pas t'accompagner ce matin. Je ne me sens pas bien.
- Qu'as-tu fils ?

- J’ai une migraine, je dois juste me reposer et ça ira.
- Ok, va te reposer.

En réalité, Awlondokan détestait aller à la plantation. Alors il prétextait à chaque fois quelque chose pour éviter de s’y rendre.

Méla était fin prête pour se rendre à son examen. Sa mère l’interpella un instant.

- Tu sais ma fille, je suis fier de toi. Tu es sage et intelligente. Ne change surtout pas. Tu as un bel avenir devant toi. Tu dois seulement continuer de croire en toi. Aie surtout confiance en toi et tu réussiras. Bonne chance à toi !
- Merci maman, Je t’aime.

*

*　　　　　　*

Cela faisait un mois que les examens de baccalauréat étaient terminés. Alors que Méla aidait sa mère dans le ménage elle ressentit un malaise. Elle fut prise de vertige et perdit connaissance. Sa mère la transporta d'urgence à l'hôpital. À l'approche du docteur sa mère accourue vers lui inquiète.

- Docteur comment se porte ma fille ?
- Elle se porte bien, elle a repris connaissance. Mais savez-vous qu'elle est enceinte ?
- Non, vous devez vous tromper docteur.
- Sans doute, votre fille est enceinte d'un mois. Et le fait de fournir de gros efforts a provoqué ce malaise. Je conseille qu'elle se repose suffisamment et évite de fournir de gros efforts.

Sa mère encore sceptique se rendit au chevet de sa fille.

- Comment vas-tu ma fille ?
- Bien maman. Répondit Méla.
- Le docteur vient de me dire que tu es enceinte. Je lui ai dit qu'il a dû sûrement se tromper.
- Es-tu sûr maman ?
- Oui ! Il avait l'air convaincu.

Méla se souvint de sa mésaventure et se mit à pleurer.

- Je te promets que je t'expliquerai tout à la maison mais ne me juge pas bien avant s'il te plaît maman. Je suis probablement enceinte.

Sa mère avait toujours du mal à y croire.

- D'accord ma fille. Arrête de pleurer.

Arrivées à la maison, elles s'installèrent dans la chambre de Méla et la jeune fille expliqua toute l'histoire à sa mère.

- Pourquoi ne m'en as-tu rien dit ma fille. Sa mère était révoltée contre ce violeur de professeur. C'est un monstre il va payer ce qu'il t'a fait soit en sûr. Je le tuerai de mes propres mains s'il le faut.
- Non ne dis pas cela maman, je sais que tu le dis sur l'effet de la colère. J'ai voulu un instant te le dire lorsque tu m'avais trouvé ce jour-là dans ma chambre mais je n'ai pas pu. Je n'y arrivais tout simplement pas. Je souffrais encore trop pour en parler. J'ai alors décidé de porter ce fardeau toute seule. Cependant, je n'avais jamais imaginé tomber enceinte de ce viol.
- Écoute ma fille, il n'y a pas que le souci de grossesse, tu pourrais avoir contracté une MST (Maladie Sexuellement Transmissible) de ce monstre. Tu dois immédiatement faire des examens sanguins.
- Maman je les ai faits. Trois jours après le viol, je me suis rendu à l'hôpital pour faire mon test de dépistage et les résultats sont négatifs. Tiens les voilà.

- Ok c'est une bonne nouvelle mais cela ne doit pas nous empêcher de faire payer à ce monstre qui à voler ta virginité en te souillant. C'est un crime qui doit être sévèrement puni.
- Je le sais maman.
- Je savais qu'il se passait quelque chose ce soir-là. Je te sentais triste et troublé. Tu aurais dû m'en informer plus tard. Tu n'avais pas à supporter cela toute seule, tu ne dois pas me cacher ce genre de chose. Ce monstre mérite la prison et je ferai tout pour qu'il pourrisse en prison. Tu sais ma fille, tu n'as pas le choix, tu dois avorter de cet enfant pour pouvoir continuer tes études. Ton père n'acceptera pas cet enfant en dépit de ton innocence.
- Maman, dans la vie on n'a toujours le choix : Aimer ou détester, avouer ou mentir, être soi-même ou faire semblant. Bien que je sois innocente dans cette affaire, je décide d'en porter le prix. Je n'avorterai pas de cet enfant c'est tout aussi un crime que celui qu'a commis le violeur. Je suis prête à souffrir mais je n'avorterai pas et je n'abandonnerai pas mes études. Je ne comprends certainement pas pourquoi Dieu a permis que ce malheur m'arrive mais je ne me compromettrai pas pour autant. En commettant ce crime, me faire avorter de ce bébé, pour faire plaisir à qui que ce soit ne me fera pas me sentir mieux. Cet homme m'a en effet beaucoup blessé mais il n'arrivera pas à me changer. J'ai décidé de garder une conscience pure aussi longtemps que je vivrai.

Sa mère avait les larmes aux yeux.

- Tu sais, tu ne mérites pas cela ma fille
- Maman nous méritons tout ce qui nous arrive. Dieu seul sait pourquoi ces choses nous arrivent. S'il a permis que cela m'arrive il me donnera la force suffisante pour traverser cette épreuve.
- Tu es sage et tellement courageuse ma fille. À ta place je ne sais pas si j'aurai pu supporter tout cela.
- Bien sûr maman, sache que je tiens de toi ce courage et cette force de caractère.
- Pas du tout ma fille, je ne pense pas que je sois une femme de caractère. Je n'ai fait qu'apprendre à me soumettre depuis mon enfance. C'est ce qu'on m'a appris. Une femme n'a pas droit à la parole, elle ne doit pas discuter les opinions des hommes. Elle doit tout simplement obéir et se soumettre même si cela ne lui convient pas. Nous femmes sommes traitées depuis des lustres dans ce village comme des êtres faibles dépourvus de volonté et incapables de nous en sortir sans les hommes. Et à force d'y croire en cela nous avons finis par l'accepter. Nous n'avons même plus de volonté. Notre volonté se confond avec celle de l'homme.
- Tu n'as pas tort maman mais les choses sont en train de changer car plus de filles sont scolarisées de nos jours. Je veux être de cette nouvelle génération de femme qui au lieu de se contenter de vivre décide d'exister.

- Tu sais il faut que j'explique à ton père cette affaire. Il y a des choses qu'on ne peut cacher pendant longtemps. Il le découvrira tôt ou tard et mieux vaut l'informer pendant qu'il est encore temps avant qu'il ne l'apprenne de lui-même. Aussi sache que j'irai voir les autorités coutumières et puis la police pour dénoncer ce monstre de professeur.
- Fais ce que tu as à faire maman, de toute façon on ne peut se dérober face à son destin.

Le lendemain soir alors que Blaeya se trouvait dans la chambre avec son mari, elle s'approcha de lui.

- Mon mari, j'ai à te parler peux-tu m'accorder quelques minutes s'il te plaît ?
- Je t'écoute vas-y.
- Promets-moi seulement de ne pas te fâcher mais de me laisser terminer.
- Que se passe-t-il femme ? Parle je t'écoute.
- Notre fille est enceinte.
- Quelle fille ?
- Méla bien sûr.
- Dis-moi que tu plaisantes.

  Il changea de position.
- Non pas du tout. Elle s'est évanouie hier, nous avons été à l'hôpital et le docteur à confirmer cela. En fait elle l'ignorait elle-même. Elle a été victime de viol de la part de son professeur de mathématique de connivence avec un de ses camarades classe

qui avait prétexté ne pas comprendre un exercice et sollicitait son aide. Elle souffre terriblement et elle a vraiment besoin de notre soutien.

- Si ce que tu me racontes est vrai pourquoi ne m'a-t-elle pas informé le jour de l'incident ? Étais-tu au courant ? Demanda Kôlou énervé.
- Non pas du tout, j'ai découvert cela tout juste hier à l'hôpital. Elle dit qu'elle n'a pas pu nous informer sur le coup à cause de la douleur qu'elle ressentait, elle ne se sentait pas prête pour remuer le couteau dans la plaie. Après, elle a voulu le dénoncer à la police mais elle n'a pas pu.
- Dépêche-toi va la chercher je veux qu'elle confirme elle-même tout cela.

Méla arriva dans la chambre de ses parents et confirma ce que sa mère venait de dire à son père.

- Tu aurais dû nous informer, et ne pas laisser tout ce temps passé. Les preuves étaient encore là. Mais maintenant ça sera un peu compliqué. Ça sera ta parole contre la sienne. Te rends-tu compte de la gravité de l'affaire ?
- Tu as raison papa, j'aurais dû vous le dire, je suis vraiment désolé. J'étais troublé, je vous demande pardon. Répondit Méla presque en larmes.

Alors son père tout rouge prit son fusil.

- Je vais retrouver ce sale pervers et le tuer sur-le-champ. J'espère pour toi que tu me dis la vérité et que tu ne mens pas.
- Non papa arrête ! Ne fais pas cela.
- Et pourquoi ? Tu as quelque chose d'autre à me dire ?
- En fait…Ce n'est pas vraiment ce qui s'est réellement passé. Il a insisté et je me suis laissé faire…Il n'a pas abusé de moi. Mentit-elle.

Elle savait que son père n'hésiterait pas un seul instant à tirer sur ce professeur. Et à cause d'elle son père ferait la prison. Ainsi sa famille serait disloquée. Elle ne supporterait pas avoir cela sur sa conscience.

Alors son père se tourna vers elle avec colère.

- Alors comme ça, tu t'es foutu de nous tous. Tu faisais croire à tout le monde que tu étais une fille sage et concentrée sur ses études alors que tu es en fait une fille sournoise qui se moque de nous. Si tu as décidé de foutre tes études en l'air c'est ton problème mais saches que je n'accepterai pas un enfant bâtard dans ma maison. Eh bien comme tu as décidé de m'humilier, moi ton père, dès demain tu quitteras ma maison et tu iras vivre avec ce dernier il prendra soin de ta grossesse. J'ai toujours dit que vous les filles scolarisées vous n'êtes bonnes à rien, vous êtes source de problèmes. Loin de ma vue écervelée de fille sinon je vais faire quelque chose que je vais regretter.

- Non mon mari ne dit pas cela. Ne la chasse pas de la maison s'il te plaît. Implorait à genou Blaeya.
- Vous avez décidé de bafouer mon autorité, tu es de mèche avec ta fille. Vous vous êtes entendues pour me mentir en me faisant croire que c'était un viol. Je ne reviendrai pas sur ma décision et si tu n'es pas d'accord tu peux t'en aller avec elle.

Le lendemain Blaeya pensa que la colère de son mari s'était apaisée et que c'était le moment d'agir. Elle savait que sa fille avait menti pour éviter une tragédie. Elle alla voir l'oncle et la tante de son mari pour leur expliquer l'affaire. Et comme il les respectait beaucoup, elle se disait qu'il les écouterait et reviendrait sur sa décision.

L'oncle Koulou et la tante Yima se déplacèrent et arrivèrent au domicile de Kôlou.

- Mon neveu, ta femme est venue nous voir ta tante et moi et nous a expliqué cette situation délicate dans laquelle votre fille se trouve ainsi que la décision que tu as prise à son égard. Sache que je te comprends parfaitement. Mais je crois que nous devons d'abord prendre de temps de mieux nous assurer des faits avant de prendre toute décision. Je crois qu'il y a encore des zones d'ombre dans cette affaire que nous devons ensemble éclaircir. Il ne faut pas prendre de décision active sous l'effet de la colère. Aussi, je veux que tu saches que lorsqu'un membre de notre corps est malade, c'est tout le corps qui souffre. Cependant on ne coupe pas ce membre pour le jeter afin d'être en paix. Méla est ta chair et ton sang, et le sera toujours. Si tu la chasses de la maison te sentiras-tu mieux ? Cela te fera plaisir de voir ta chair souffrir hors du reste du corps. Tu sais qu'elle est encore une enfant même si elle est vite devenue mature. Il peut arriver même étant une personne mature qu'on commette parfois des erreurs. C'est ce qui nous forge et nous fait grandir. Seulement on a besoin de personnes proches autour de nous pour nous aider à nous relever et non pour nous enfoncer dans les ténèbres. Méla que nous connaissons a toujours été une fille sage, respectueuse et exemplaire. Les femmes du village la citent en exemple auprès de leurs filles pour les inciter au travail. Si cela est arrivé sache que quelque chose d'anormale s'est passé et il faut creuser pour comprendre exactement le fond du problème. Cet homme inconscient et cruel a tout simplement profité de l'innocence et du respect que cette pauvre jeune fille a pour lui à cause de son titre d'enseignant pour abuser d'elle. Fais très attention, ne te laisse pas guider par tes émotions. J'ai fini de parler.

- Écoutez, Oncle, tante, je vous ai bien compris et je vous remercie tous deux de vous êtes déplacés pour me rencontrer en vue de plaider en faveur de ma fille. Je vous respecte et j'approuve votre démarche. Je comprends parfaitement ce que vous dites. Mais je suis désolé, ma décision est prise je ne reviendrai pas là-dessus.

- Kôlou nous ne pouvons te forcer la main, mais de grâce, réfléchis bien. Ne prends pas de décision active que tu pourras regretter plus tard. Insista sa tante.
- Nous voyons que la blessure est encore vive, nous n'allons pas insister. Nous reviendrons plus tard mais prend surtout le temps de bien réfléchir à ce qu'on t'a dit mon neveu. Nous allons prendre congé de vous. Sache que nous sommes disposés à t'aider à résoudre ce problème délicat conclut l'oncle.

L'oncle et la tante de Kôlou s'en allèrent chez eux. Alors sa femme Blaeya s'approcha de lui et dit :

- Tu sais Kôlou, j'ai supporté beaucoup de choses sans broncher, les injures, les coups, les mauvais traitements, mais cette fois sache que je ne pourrai pas supporter de voir ma fille s'en aller loin de moi, comme si elle était orpheline. Je ne l'abandonnerai pas. Si elle part j'irai avec elle.
- Bon débarras, tu peux t'en aller avec elle tu ne manqueras à personne. Lança Kôlou amèrement.

Il avait vraisemblablement le cœur endurci et personne ne pouvait lui faire changer d'avis.

Et comme il ne revenait pas sur sa décision et ne voulait plus voir sa fille chez lui, Blaeya et Méla préparèrent leurs affaires pour s'en aller de la maison. Mais bien avant leur départ, la mère de Méla qui savait que Méla avait menti à son père pour ne pas que celui-ci commette l'irréparable, convoqua ce professeur devant les responsables du lycée, puis à la police. Face aux accusations de viol à l'endroit de son élève celui-ci nia tout en bloc et affirma que Méla avait un jeune copain au Lycée et c'est lui qui l'a enceinté. Il affirma qu'elle l'accusait à tort parce qu'il avait refusé ses avances et lui avait dit qu'en tant que professeur il ne coucherait jamais avec son élève. Les responsables de l'établissement, tout comme la police décidèrent de mener des enquêtes. Mais par manque de preuve l'affaire fut abandonnée au bout d'un mois. Akou le seul témoin qui pouvait attester les faits avait disparu. Personne ne savait où il était allé.

*

*   *

Kôlou avait fait partir en ville son fils Awlondokan pour qu'il y poursuive ses études. Il l'avait inscrit dans l'un des meilleurs collèges privés de la capitale. Les frais de scolarité étaient élevés, mais Kôlou ne lésinait pas sur les moyens en ce qui concernait l'avenir de son fils. Cependant Awlondokan n'avait pas la tête sur les études. On le renvoya de ce collège. Son oncle trouva un boulot au port de la capitale pour lui mais là encore il fut renvoyé. Il venait à chaque fois en retard, et retournait avant l'heure de descente. Il passait son temps dans les boîtes de nuit avec des amis pas recommandables. Cependant ce qui découragea son oncle et scella son retour au village c'est lorsqu'il enceinta sa servante et l'obligea à avorter. Il la conduisit chez un soi-disant spécialiste en la matière, un tradipraticien. Après avoir ingurgité un liquide noirâtre que lui avait remis celui-ci, la jeune fille ressentit un mal de ventre extrême. Elle ne supporta pas la douleur et rendit l'âme après une trentaine de minutes. La police arrêta Awlondokan et le tradipraticien, et les mit en prison. Awlondokan, fut libéré après trois mois de prison grâce à l'intervention de son oncle qui avait des amis haut placés. Le tradipraticien lui fut condamné à cinq ans de prison. Après sa libération de prison son oncle le renvoya immédiatement au village.

9.

Les résultats du Baccalauréat venaient de sortir. Cette année, il y avait un fort taux d'échec. Peu d'élèves étaient admis. La plupart des élèves qui s'étaient adonnés à des veilles d'études à quelques heures des examens avaient lamentablement échoué. Dans la cour du lycée, des élèves courraient dans tous les sens. Ils crièrent, se roulaient au sol et se jetèrent la poudre au visage pour célébrer leur réussite. La majorité déçue d'avoir échoué, l'air découragé se faisaient consoler par leurs camarades qui avaient réussi. La scène était atypique, non seulement gaie mais triste ; où se mêlèrent joie et pleure.

Méla venait d'arriver pour connaître ses résultats de l'examen. Elle fut accostée par Timiya son amie et une autre fille de sa classe qui se jetèrent sur elle pour l'embrasser.

- Où vas-tu si pressé mon amie ? Plaisanta Timiya.
- Oh les filles ne gâchez pas la surprise, laissez-moi aussi me réjouir à la vue de mon résultat. Supplia Méla en souriant.
- Écoute, ma chère si tu n'es pas admis qui d'autre de la classe serait admis ? Moi-même j'ai suivi tes conseils et j'ai réussi à l'examen. Tu es la meilleure du lycée. Rassura Akoumi, l'autre fille qui était au côté de Timiya.

- Arrête, tu vas un peu trop fort là Akoumi, je suis juste une élève comme vous et je peux aussi échouer, ce sont des examens et même les meilleurs élèves peuvent échouer. Laissez-moi allé regarder mon résultat puisque j'y suis déjà s'il vous plaît.

Elles se mirent à rire toutes amicalement et la laissèrent aller constater son résultat de ses propres yeux. En avançant vers le tableau où étaient inscrits les résultats elle aperçut Akou. Leurs regards se croisèrent. L'air embarrassé il avança vers elle.

- J'ai à te parler Méla, s'il te plaît écoute moi un instant.
- Je n'ai rien à te dire, sale traite. Dieu seul réglera ton compte pour tout le mal que tu m'as fait.
- Je suis vraiment désolé. Il m'avait simplement dit que c'était pour échanger avec toi. Il avait promis m'aider pour le Baccalauréat en me transmettant les corrigés de mathématique. J'avais peur d'échouer pour la troisième fois. Je suis le seul espoir de ma famille, je suis l'aîné, mon père est décédé et ma mère et mes petits frères comptent sur moi. Mon oncle a promis me trouver un travail en ville si j'obtenais mon Baccalauréat. Je voulais tout faire pour l'obtenir mais pas à ce point. Ce fou de professeur a profité de ma faiblesse et s'est joué de moi. C'est plus tard que j'ai su la chose lorsque j'ai été convoqué par la direction du lycée pour des enquêtes car mon nom avait été cité dans l'affaire. Mais j'ai été lâche, j'ai nié les faits, j'avais peur de me retrouver en prison.

- Et maintenant es-tu fier ? As-tu obtenu ce pour quoi tu m'as poignardé ?
- Non, Dieu est juste, il a vu le mal que je t'avais fait, et malgré les corrigés que m'avait remis le professeur de mathématique, j'ai quand même échoué. Je ne pourrai plus reprendre la classe de terminal en tout cas pas dans ce lycée. C'est la troisième fois que je redouble.
  Je m'en voudrai toute ma vie pour le mal que je t'ai fait si tu ne me pardonnes pas. Il se confondait en excuses.
- La douleur est trop vive, les blessures sont récentes, elles n'ont pas encore été cicatrisées, peut-être plus tard. Que Dieu ait pitié de ton âme.

Elle le laissa et s'en alla consulter le tableau de résultats. Elle était la première de son centre avec mention très bien. De retour à la maison elle présenta le résultat à sa mère qui sauta de joie et essaya même de la porter au dos.

- Maman arrête je ne suis plus une enfant ! Réagit Méla toute souriante.
- Tu seras toujours mon bébé à moi. Tu me rends si heureuse.

Méla et sa mère avaient élu domicile chez la tante de Kôlou qui les avait accueillis les bras ouverts. Cette dernière vint se réjouir avec elles en soulevant Méla.

- Bravo ma fille ! Je vais tuer un gros coq ce soir en ton honneur.
- Merci ma tante.

Méla reçu un prix d'excellence de meilleure élève du lycée. Ce prix était composé d'un ordinateur portable, de la somme de cent cinquante mille francs, de cahiers et de romans.

Les semaines s'écoulèrent et les affectations des bacheliers arrivèrent. Méla était affectée dans la première université de la capitale du pays. Elles se réjouissaient toutes ensemble mais leur joie fut de courte durée. Une question capitale se présentait à elles. Comment trouver un tuteur dans la capitale qui pourrait accepter Méla avec cette grossesse de trois mois et en même temps s'occuper de ses études ? C'était une grosse montagne qui se dressait devant elles. Soudain sa tante se souvint d'une de ses nièces mariées à un policier et vivant dans la capitale. Elle l'appela aussitôt et lui exposa la situation de Méla. Cette dernière qui n'avait jamais refusé de service à sa tante, refusa cette fois poliment à cause de la grossesse de Méla, sous prétexte que son mari n'accepterait pas. La tante la comprenait et n'insista pas.

Toute la nuit Méla ne put s'endormit, elle se souciait de sa situation et de son avenir. Sa joie se transforma vite en inquiétude. Elle n'envisageait pas arrêter ses études et avorter son rêve. Non elle n'osait même pas imaginer que sa vie soit un échec. Dieu ne permettrait pas cela. Il fallait impérativement trouver une solution malgré sa situation délicate.

Le lendemain elle décida de rencontrer sa meilleure amie et de lui exposer sa situation.

- Voilà ma situation, je suis vraiment troublée. Je ne sais vraiment pas quoi faire mais je ne veux pas abandonner mes études. Annonça Méla à Timiya.
- Tu aurais dû me raconter cela plus tôt, je suis ta meilleure amie. Tu as dû souffrir tout ce temps toute seule. C'est pourquoi j'avais du mal à te voir depuis lors. Dis-moi à quoi servent donc les amies ? Demanda Timiya en larmes, peinée pour son amie. Tu sais je peux en parler toujours à mon père, il a son frère cadet, mon oncle qui est commissaire de police. Il se chargera de coincer entre les barreaux ce sadique, ils lui feront avouer et l'enfermeront pour de bon.
- Merci mon amie, mais non, j'ai assez souffert comme ça. Je veux tourner la page et me concentrer sur mes études. Dieu seul fera payer à cet homme tout le mal qu'il m'a fait. Je crois en la justice de Dieu.
- D'accord si tu le dis. Mais pour ce qui concerne ton souci d'hébergement, ne t'inquiète plus. Mon oncle est un ami au Directeur des résidences universitaires et il a promis me réserver une chambre à moi toute seule au sein du campus de l'université. Nous pourrons y résider ensemble.
- Vraiment ? Tu ne peux pas savoir comme tu me libères d'un si gros fardeau. Tu es une véritable amie.
- De rien tu es comme une sœur pour moi. Et j'aime te voir heureuse. Ne porte plus jamais ce genre fardeau toute seule.
- C'est compris chère sœur.

Une lueur d'espoir se lisait dans les yeux de Méla.

10.

Kôlou avait vite remplacé sa femme par une jeune fille qu'il fréquentait alors qu'il vivait avec la mère de Méla. Cette dernière ne voulait pas partager son homme avec une autre femme. Et c'est pour cela qu'il avait dit bon débarras à la mère de Méla. Il s'était épris de cette jeune fille et était de plus en plus désagréable envers sa femme. Cette jeune fille, s'appelait Akouba et était seulement âgée de deux ans de plus que sa fille Méla. Elle n'avait pas un bon témoignage dans le village. On racontait qu'elle était une fille aux mœurs légères et intéressée par l'argent facile. Cependant Kôlou comme si cupidon lui avait décoché une flèche, était transporté dans l'enchantement de l'amour et ne voulait rien savoir. Elle était une femme très rusée et le manipulait à sa guise. Il la couvrait sans cesse de présents. Contrairement à sa femme Blaeya, il traitait cette dernière avec respect et tendresse. Il répondait à toutes ses petits caprices. Il avait décidé d'épouser Akouba pour qu'elle soit à lui seul. Il s'était épris d'elle et s'esbaudissait à chaque fois qu'il la voyait. Il se pressa de faire le mariage coutumier. Elle était maintenant sa femme et dirigeait le foyer comme bon lui semblait. Elle avait même fini par le convaincre de vendre son champ de cacao que lui avait cédé son père pour acheter un terrain. Elle prétendait que pour sécuriser l'avenir de leurs futurs enfants il fallait vite construire une maison. On aurait parié qu'elle l'avait envoûté. Il lui faisait aveuglément confiance pensant qu'elle l'aimait. Cependant sachant que Kôlou ne savait ni lire ni écrire, elle se joua de lui en achetant le terrain en son nom propre.

Kôlou avait complètement oublié sa femme et sa fille. C'était comme s'il ne les avait jamais connus. Leur sort l'importait peu. À l'instar de sa première femme, sa jeune femme ne faisait pratiquement rien à la maison. C'était une servante qui s'occupait de la cuisine, de la lessive et qui faisait le ménage à la maison.

*

*   *

Kôlou s'était acheté une grosse moto. Cela facilitait ces nombreux déplacements en ville. Un jour alors qu'il revenait de la ville avec son fils Awlondokan, il ne trouva pas sa nouvelle femme Akouba à la maison. Il patienta toute l'après-midi, mais c'est dans la soirée qu'elle s'emmena.

- Bonsoir mon mari, comment s'est passée ta sortie ?
- Bien et toi d'où viens-tu à cette heure ? Je suis arrivé il y a bien longtemps et je n'ai trouvé, ni la servante ni toi. Peux-tu m'expliquer cela ?
- Eh bien figure toi que c'est une sorcière cette servante, j'avais fait plusieurs fois des rêves sur elle en train de nous ensorceler.

Heureusement, je l'ai attrapé dans ses œuvres. Alors que je revenais à la maison après une course et sans prévenir, je l'ai surprise dans notre chambre sur notre lit conjugal toute nue en train de faire des incantations. Je l'ai alors renvoyé sans hésiter. Kôlou les yeux grandement ouverts était choqué de ce que lui racontait sa femme.

- Tu as bien fait de la virer. C'est une chance que tu l'aies surprise. Peut-être même qu'elle a eu déjà à envoûter notre nourriture ? S'inquiéta Kôlou.
- Non ! Ne t'inquiète pas mon chéri, je contrôlais ses faits et gestes à chaque fois qu'elle cuisinait.
- Et d'où viens-tu comme ça ? Demanda Kôlou à sa femme.
- Je suis allé la renvoyer chez elle en famille, pour ne pas qu'ils puissent se faire une mauvaise idée de nous.
- Tu t'es rendue jusque dans son village qui est à plusieurs kilomètres d'ici ?
- Oui mon chéri.
- Tu es vraiment une sage et adorable épouse.
- Merci mon cher mari.

En fait, la pauvre servante avait surpris la femme de Kôlou et un jeune homme en train de s'amouracher dans le salon. Il fallait la renvoyer pour ne pas qu'elle puisse dévoiler ce secret tôt ou tard. C'est ce qu'elle fit sur le coup. Puis étant rusée, elle fabriqua diaboliquement une histoire montée de toutes pièces pour persuader son mari.

Elle était une bonne actrice, elle jouait tellement bien son rôle de double personnage, qu'on ne pouvait un instant douter de sa sincérité.

- Chérie, tu as préparé quelque chose à manger ? Tout compte fait, je ne m'imagine plus en train de manger la nourriture de cette sorcière.
- Je n'ai pas eu le temps de vous préparer à manger, puisqu'il fallait que je l'accompagne immédiatement. Néanmoins je nous ai achetés à manger.
- Ok c'est parfait, juste le temps de me doucher puis je me mettrai à table.
- Pas de soucis, je t'attends pour qu'on dîne ensemble chéri.

11.

Méla avait emménagé avec sa meilleure amie à la résidence de la cité universitaire dans la capitale. Sa mère lui avait laissé de l'argent qu'elle avait économisé de son petit commerce de viande de brousse alors qu'elle vivait avec le père de Méla pour son inscription à l'Université et ses consultations prénatales. Elle s'était inscrite en droit. Elle était à six mois de grossesse. La bonne nouvelle, c'est qu'elle résidait au sein de l'université. Cela facilitait ses déplacements et lui permettait d'assister à tous les cours. Pendant ces heures libres, elle se rendait souvent à la bibliothèque de l'université pour lire et emprunter des livres de droit. Quant à sa meilleure amie Timiya, elle s'était inscrite en médecine et n'avait pratiquement pas de temps libre. Les deux jeunes filles étudiaient avec acharnement. Leur chambre ressemblait à une petite librairie. Méla avait mentionné sur son mur cette phrase : *Là où il y a une volonté, il y a un chemin*. Elles se couchaient tardivement et dormaient souvent avec des livres en mains. Trois mois plus tard Méla accoucha d'une fille. Elle appela sa fille du nom de Suralè ce qui signifie « *bénédiction* » en Oubalè pour refouler tout vent de malédiction sur sa vie à cause de son père. Elle disait que tout enfant est une bénédiction de Dieu. Dieu est souverain, c'est lui qui permet notre venue sur la terre et peu importe la manière. Les enfants sont innocents et ne méritent pas d'être sacrifiés. Ils ne sont pas responsables des crimes de leurs géniteurs. Cette belle petite fille innocente dans ses bras lui inspirait force et courage pour lutter et accomplir ses rêves. Cette innocente ne souffrirait pas comme elle a souffert se promit-elle. Sa mère était venue pour lui donner les premiers soins et s'occuper du bébé. Après trois mois de repos et de soin elle avait repris le chemin des Amphis. Sa mère se préparait pour retourner avec l'enfant au village car les résidences de la cité n'étaient pas propices pour accueillir une famille. Aussi, elle ne voulait pas abuser de l'hospitalité de l'amie de sa fille.

- Tu sais maman, c'est bientôt les vacances, Je vais trouver du travail comme nounou ou servante et je t'enverrai de l'argent. Tu pourras l'utiliser pour tes besoins et ceux de ta petite fille.
- D'accord ma fille mais ne t'inquiète pas trop, elle est entre de bonnes mains. Dieu ne nous abandonnera pas.
- Merci maman pour tous. T'ai-je déjà dit que tu es ma source d'inspiration ?
- Je le sais ma fille. Prends soin de toi, et concentre-toi surtout sur tes études. Je te donnerai incessamment de nos nouvelles.

C'était les vacances, Méla et Timiya avaient validé leur première année. Timiya retourna chez ses parents au village pour y passer les vacances. Méla elle, ne pouvait pas se permettre cela, il fallait chercher de l'argent pour sa fille et pour la rentrée prochaine.

Elle trouva un job comme nounou chez une dame célibataire mère de deux fillettes. La plus âgée avait cinq ans et la cadette trois ans. La dame travaillait comme comptable dans un centre commercial de la capitale. Méla prenait tellement bien soin des fillettes et savait les amusées à un point où elles étaient plus attachées à elle qu'à leur mère. Leur mère qui pour la première fois voyait ses filles si épanouies, admira Méla et ne voulait pas la voir s'en aller. Par contre, elle savait qu'elle devait la laisser partir poursuivre ses études. Elle lui offrait des présents tels que des vêtements pour sa fille et une somme d'argent en dehors de son salaire mensuel pour ses frais de scolarité et documents à acheter.

- N'hésite pas à m'appeler en cas de besoin Méla, tu es comme ma fille et je t'assisterai du mieux que je peux.
- Merci ma tante, que Dieu se souvienne de vous pour tout le bien que vous m'avez fait.

Puis elles se séparèrent. Difficile séparation les deux fillettes pleurèrent et refusaient de la laisser s'en aller.

12.

Akouba la jeune femme de Kôlou se plaignait auprès de son mari à chaque fois qu'il lui faisait l'amour. Elle disait ne pas être satisfaite et allait jusqu'à le traiter de vieux routier qui manque de carburant. Cependant ne voulant pas tomber enceinte de lui, elle se cachait pour avaler des pilules.

- Après seulement cinq minutes, tu t'épuises, je ne suis vraiment pas satisfaite. Moi je suis encore fraîche et j'ai besoin de me sentir femme. Trouve vite une solution vieux routier !
- Calme-toi chérie, je vais utiliser des plantes aphrodisiaques, tu verras, tu me supplieras.
- Toujours le même refrain, j'attends toujours.
- Écoute chérie, je suis un peu confus ces jours-ci. Ne te fâche surtout pas s'il te plaît. Je m'interroge seulement sur le fait qu'après trois mois de mariage nous n'avons pas de signes annonçant le fruit de notre amour. Je désire avoir des enfants de toi.
- Pourquoi se presser d'avoir des enfants ? Trois mois est très peu pour commencer à penser enfant. Nous devons profiter de notre amour pour un bon moment et après on pensera enfant. Ne t'inquiète pas, je suis encore jeune, j'ai encore de nombreuses

années devant moi avant que mon organisme refuse de procréer. Et toi, même à soixante ans tu pourras toujours procréer.

- Je le sais, je veux seulement me rassurer que tout va bien chez nous…Que nous n'avons pas de problème de procréation.
- En tout cas moi je n'ai pas de problème de procréation…Toi aussi je crois tu as déjà deux enfants. Arrête de te stresser, on aura des enfants quand nous serons prêts à les avoir.
- Bon si tu le dis, c'est compris.

Awlondokan après ses frasques à la capitale avait du mal à accepter son retour au village. Il passait ses journées à consommer de l'alcool en compagnie de ses amis. Il était livré à lui-même et quand il manquait d'argent, il volait son père. Son père lui, était occupé à satisfaire les désirs de sa nouvelle compagne et se désintéressait du devenir de ce fils qu'il avait tant désiré.

Un jour alors que Kôlou était sorti, Akouba se rendit dans la chambre de Awlondokan sans frapper à sa porte pour l'informer que le déjeuner était prêt. Elle tomba sur lui pratiquement nu, avec juste un slip. Elle s'excusa, puis referma la porte. Cependant elle fut troublée par ce corps athlétique de ce jeune homme. Depuis lors, elle fantasmait sur lui. À chaque fois qu'elle faisait l'amour à Kôlou, elle s'imaginait être en train de faire l'amour à son fils. Elle était plus âgée de cinq ans que Awlondokan, mais elle était sans scrupule et pouvait coucher avec un jeune moins âgé qu'elle. Awlondokan, lui, la considérait comme une grande sœur et non comme une belle-mère. Il ne voulait pas recevoir d’ordre venant d’elle, il ne l’appréciait pas vraiment.

13.

Méla venait d'obtenir son master en droit Juridique. Plus tard, elle passa le concours de magistrature et fut admise à l'Institut National de Formation Judiciaire(INFJS) de la capitale. Après deux années de formation, elle devint magistrat. Nonobstant les difficultés qui parsemaient son chemin Méla finit par y arriver. Le gouvernement l'affecta comme par hasard dans sa ville natale Soutiébi où elle devrait exercer comme magistrat. Elle était la première femme magistrat de la région. Elle avait à sa disposition, un véhicule de service et un chauffeur. Ellc sc maria à un préfet du nom de Adomi. Il était un ami qu'elle connaissait bien pour avoir étudié avec lui à l'université. Après avoir avoué ses sentiments à Méla et sachant qu'elle aussi avait des sentiments pour lui, il patienta jusqu'à ce qu'ils travaillent tous les deux car il l'aimait beaucoup. Sachant tout ce qu'elle avait enduré, il la chérissait encore plus, la respectait, l'honorait et savait toujours être à ses côtés pour la soutenir dans tous les défis. Ils étaient heureux et ne manquaient de rien. Méla vivait désormais avec sa mère. Elle avait demandé à sa tante Yima de venir habiter avec elle mais celle-ci refusa, elle préférait venir de temps en temps lui rendre visite. Elle n'était pas habituée à la ville et avait pratiquement toutes ses activités au village. Cependant Méla et sa mère se rendaient souvent chez elle les mains chargées. Eloma, la sœur de Kôlou, les rendait visite à chaque qu'elle se rendait dans la ville.

La fille Suralè avait maintenant huit ans et était en classe de Cours Élémentaire Première Année CE1. Elle était classée au rang de première de sa classe et était très intelligente. Son maître souhaitait même qu'elle saute la classe de Cours Élémentaire Deuxième Année CE2 pour celle de Cours Moyen Première Année CM1.

- Maman, je veux être Juge comme toi quand je serai grande. Annonça la petite Suralè à sa mère.
- Ma fille tu peux y arriver. Rappelle-toi toujours que là où il y a une volonté il y a toujours un chemin.

  La mère de Méla regarda fièrement ce qu'était devenue sa fille. Sourit et dit :
- Tu sais ma fille j'ai une confidence à te faire.
- Je t'écoute Maman.
- Ton prénom Méla n'est pas fortuit. C'était en fait Mmla à l'origine, il a été modifié par erreur par un agent de la mairie lors de l'établissement de ton extrait de naissance et est devenu Méla. Mmla signifie en Oubalè « Justice ». Lorsque ton père avait refusé de te trouver un prénom parce qu'il s'attendait à un garçon, je t'ai donné ce prénom pour que tu sois ma justice devant Dieu. Aujourd'hui Dieu a exaucé ma prière et je suis la plus heureuse. J'ai toujours cru que mon nom Blaeya qui signifie en Oubalè « *dur d'être femme* » a beaucoup influencé négativement ma vie. Mais gloire soit rendu à Dieu qui s'est souvenu à la fin de moi. Je crois que nous parents, devrions faire beaucoup attention aux noms que nous donnons à nos enfants.

J'ai été satisfaite quand tu as décidé d'appeler ta fille Suralè. J'ai à présent une demande à te faire. Pardonne à ton père tout le mal qu'il t'a fait. C'est Dieu qui se charge de rétablir toute justice, nous, notre rôle c'est d'aimer et de pardonner. Tu es juge aujourd'hui mais n'oublie jamais qu'il y a un grand Juge au-dessus de toi et nous lui rendrons tous compte un jour. Le pardon grandit et la haine rabaisse.

- J'ai compris maman. Il fut un moment où je le détestais, je le haïssais au beau milieu de ma souffrance. Mais plus maintenant, je l'ai déjà pardonné tout le mal qu'il nous a fait.

*

* *

Timiya était Directrice d'un hôpital Publique dans la capitale. Elle avait épousé un opérateur économique prospère. Ils avaient deux enfants, un garçon et une fille et s'aimaient profondément. Les deux amies étaient toujours restées en contact, elles se rendaient souvent visite.

14.

C'était un lundi matin. Méla ou pour les vétilleux Madame Adomi, en tant que magistrat devait traiter ses premiers dossiers. Elle avait invité, sa mère à prendre part à sa première affaire. Il y avait deux dossiers qui lui étaient soumis ce jour.

Le premier dossier était un filicide. Il s'agissait d'un père qui avait fusillé à mort son unique fils et blessé gravement sa femme en la laissant pour morte après les avoir surpris en plein ébat sexuel sur le lit conjugal alors qu'il était revenu de la chasse.

Le deuxième dossier était un cas de viol. Celui d'un enseignant qui avait été surpris en flagrant délit en train d'abuser de son élève, une jeune fille de dix-sept ans.

Quand elle prit connaissance du second dossier, elle reçut comme un choc électrique. Elle se souvint de son passé douloureux. Elle eut tout à coup un sentiment de répugnance pour cet obsédé sexuel. Elle était révoltée, outrée et impatiente de condamner ce violeur et de faire justice à cette pauvre jeune fille et quelque part à elle aussi.

Madame la Juge entra dans la salle. Tout le monde se leva, ce fut un silence total.

- Asseyez-vous s'il vous plaît !

- Garde, faites entrer le premier accusé s'il vous plaît !

Un homme âgé d'une soixantaine d'années entra dans la salle la tête baissée sous escorte policière. Arrivé devant la juge il leva la tête. Ce fut un choc pour l'accusé et la Juge de se découvrir. C'était Kôlou, le père de Méla qui se tenait menotté en face de sa fille. Le destin à parfois des manières étranges de régler ses comptes. Elle ne put sortir un mot de sa bouche pendant une trentaine de secondes puis elle regarda sa mère qui la regarda tout aussi surprise qu'elle, enfin demanda à l'accusé de prendre place.

- Monsieur l'avocat de la défense vous avez la parole.
- Mon client est accusé de fait de meurtre, plus exactement un filicide Madame la Juge.
- Et que plaidez-vous ?
- Coupable Madame la Juge !

Les faits étaient irréfragables, et l'avocat de la défense ne pouvait plaider autre chose que la culpabilité du témoin.

Maintenant qu'elle avait pardonné à son père Dieu le remettait entre ses mains. En même temps qu'elle était attristée pour la mort de son petit frère, elle éprouvait désormais un sentiment de pitié à l'égard de son père. Si elle le pouvait, elle se serait débarrassée de cette affaire mais là ce n'était pas possible. Il fallait que justice soit rendu. Son père avait tué son jeune frère. Et c'était son premier dossier.

Après un long plaidoyer de l'avocat de la défense et le réquisitoire de celui de la partie adverse, c'était à présent le moment de la délibération.

- Accusé levez-vous !
- Je vous condamne à dix ans de prison ferme sans possibilité de remise en liberté.

Puis elle frappa son petit marteau contre un bloc

- La séance est levée !

C'était une sorte de victoire de la partie de la défense. C'était la peine la plus minimale qu'il avait obtenue. Il aurait pu écoper facilement quinze ans de prison ferme après avoir tué un homme et blessé gravement un autre. L'avocat de la défense avait bien défendu son dossier. Il avait évoqué le fait que ce crime n'était pas prémédité. Et revenant de la chasse avec bien entendu son fusil en main et sous le choc de découvrir une scène aussi répugnante que contre-nature, le père avait sous le coup agit par émotions.

Avant de s'en aller purger sa peine, il demanda à parler au Juge. Les policiers qui le tenaient refusèrent de lui permettre de s'approcher d'elle. Il était menotté et les suppliait. Mais la Juge leur demanda de le laisser s'approcher d'elle.

- Pardonne-moi ma fille si tu peux. Je ne mérite pas d'être ton père. J'ai méprisé les plus beaux cadeaux que le ciel m'a offert : Toi ma fille et ta mère. Nos pères par ignorance ont eu tort de mépriser ce don de Dieu qui est la femme. Le sexe n'a pas d'importance. Ce qui compte c'est d'aimer, d'encourager et de chérir les fruits de nos entrailles en leur inculquant des valeurs de crainte de Dieu, de respects des aînés et de travail afin qu'ils réussissent dans la vie et soient notre fierté. Aujourd'hui j'apprends cela à mes dépens. Après votre départ, je me suis amouraché d'une jeune femme que j'ai fini par épouser. À cause de mon égoïsme et de la dureté de mon cœur, j'ai fini par épouser un démon. Cette dernière ne m'a jamais aimé. Elle avait pour mission de me détruire. Elle m'a ruiné et a détruit ma vie. Elle m'a incité à vendre les hectares de cacao que m'avait laissé mon père ensuite elle m'a volé cet argent pour s'acheter un terrain. Et pour finalement m'achever elle a commis l'inceste avec mon fils. C'est à cause de cette femme que je me retrouve ici après avoir tué mon fils, ton petit frère. Et c'est à juste titre que je paye pour mes erreurs. C'est une justice providentielle !

Méla essuya les larmes qui trempaient son visage.

- Je t'ai déjà pardonné père. Toi aussi pardonne à ton fils, mon petit frère et à ta femme qui t'ont fait beaucoup de tort. Prie aussi le Dieu de miséricorde, afin qu'il t'accorde son pardon. Profite du temps que tu passeras en prison pour te repentir et t'abandonner entre les mains du Tout-puissant. Tu sais, te mentir à propos du viol a été la pire chose que j'ai faite de toute ma vie. J'ai agi par instinct pour t'éviter la prison. Cependant le destin a fini par t'y conduire. Puisse le seigneur te fortifier durant ton incarcération. À ta sortie je serai là les bras ouverts pour toi.

- Merci ma fille. À propos de cette histoire, j'ai su plus tard que tu m'avais menti pour m'empêcher de commettre un crime mais je n'ai pas eu le courage de vous rechercher toi et ta mère. J'étais comme ensorcelé par cette femme que j'avais épousée. Elle m'a défendu de vous rechercher sinon elle me quitterait. Pardonne-moi ma fille, j'ai été lâche.
- Et comment as-tu su que je t'avais menti ?
- AKou, ton ami de classe est venu tout m'avouer. Ce jeune homme regrettait sincèrement l'acte qu'il avait posé. Malheureusement il a été tué dans un accident de la route alors qu'il se rendait en ville.
- Tout cela est triste.
- Eh bien oui ma fille. C'est le Tout-Puissant qui te rend lui-même justice. Pour te dire vrai, je ne ressens plus le désir de continuer à vivre, je suis maintenant vieux et je ne sais pas si je supporterai la prison mais j'essayerai de tenir bon dans l'espoir de te revoir un jour ma fille. J'espère de tout cœur que le Seigneur me pardonnera pour tout le mal que j'ai fait à ma famille.

Puis il s'en alla. Ce fut un moment plein d'émotion.

Arrivé près de la mère de Méla il s'arrêta.

- Pardonne-moi femme pour tout le mal que je t'ai fait depuis que nous sommes ensemble. Je regrette de t'avoir infligé tout cela. Tu es une femme unique. En vérité, tu m'as vraiment aimé et moi je n'ai fait que te faire souffrir. J'ai fini par corrompre et détruire notre amour à cause d'un fils.

- Va en paix, je t'ai déjà pardonné. Déclara la mère de Méla.

Après une heure de pause c'était à présent le second dossier.

- Affaire suivante ! Annonça Madame le juge.

On fit entrer dans la salle l'accusé. Ce monstre de professeur qui avait été surpris en train de violer son élève de manière sauvage dans une salle de classe. Nul été l'intervention de la police il aurait été lynché par la foule.

Que ne fut pas la surprise de Méla de voir entrée dans la salle son professeur de mathématique Monsieur Nanko, qui avait abusé d'elle, nié les faits en l'accusant de vouloir ternir sa réputation. Celui qui a failli briser son rêve. Cet être ignoble qui avait provoqué la déchirure de sa famille et l'avait fait tant souffrir toutes ses années.

Lorsque leurs regards se rencontrèrent, il ouvrit grandement les yeux, tremblant de frayeur, on aurait dit qu'il venait de voir un fantôme. C'était l'heure du jugement !

C'était la justice providentielle ! Comme avait dit son père.

Résumé

À Lomonou, un enfant mâle à plus de valeur qu'une fille. Blaeya, après plusieurs années d'infécondité post-mariage accouche contre toute attente d'une fille. Kôlou son mari, désespéré après avoir patienté encore quelques années espérant tenir dans ses bras son héritier qui perpétuera sa lignée, se décida à épouser une seconde femme. Cette dernière lui donnera enfin un fils au prix de sa vie. Méla, la fille mal aimée de Kôlou, sage et douée à l'école, sera victime de viol de la part d'un de ses professeurs. Chassée de la maison par son père, elle ne se résignera pas pour autant face à ce cruel destin, elle se battra pour réussir et donner tort à ce système de pensée archaïque. Pour lui faire Justice, la providence elle-même se chargera de mettre entre ses mains le marteau de sentence.

Table des Matières

Printed by Books on Demand GmbH, Norderstedt / Germany